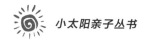 小太阳亲子丛书

成为孩子的伯乐

倪美英 著

复旦大学 出版社

序

用心感动孩子

◎黄翠吟（泰山文化基金会执行长）

好几次在基金会举办的教师研习会上，倪老师的演说都让我和很多老师红了眼眶；她说的故事很能触动人的内心——进入她的故事，心就变得柔软了。原本担任小学老师的她，未退休前每周负责在晨会对全校小朋友讲故事，退休后则是对老师及家长说故事，故事主角就是她和她的学生。

人的内心一旦有触动，就有了连结，就能认同及改变。她处处用心去感动孩子，在三十年教学生涯里努力地研究、思考感动孩子的事，用故事代替说教，用游戏创意让孩子乐于学习。

"爱是需要培养的！要多和孩子们交流，要多多陪伴。"她说，她下课时很少回办公室，常在教室里静静地看着孩子，他们在操场上互相嬉闹的样子愈看愈可爱；上课后，她就学他们笑闹的动作给大家看，全班笑成一团，每个孩子都认为老师很注意、很重视自己。

放学了，她一个一个地拥抱他们，跟他们说再见及祝福的

成为孩子的伯乐

话,再拿起一颗维他命C塞入他们嘴里;她常跟他们摸摸头打招呼,帮他们剪指甲;对特别难教的孩子,思考影响他的方法,耐心等待他的领悟。她每天提醒自己要用笑脸对待孩子,要轻声说话,也教孩子一个口诀:"吸入心宁静,呼出口微笑",让爱语、微笑成为生活习惯。

倪老师告诉我,有一次义工妈妈来班上带活动,她问:"你们老师最爱谁啊?"全班的小朋友竟都举手争相说:"老师最爱我!"倪老师说她吓了一跳,也感到很安慰、很满足;她的用心,孩子们都感受到了啊!

有一次教师研习会后,一位参加的老师到讲台前向倪老师表白:"我教书二十多年了,可是我不知如何爱我的孩子们。"当下就流下了泪。她这番表白需要多大的勇气啊!可以想见倪老师的演讲带给她很深的反省。"你爱你自己的小孩吗?"倪老师问了这句发人深省的话,她说:"爱啊!""那就把学生当成自己的孩子!"倪老师这样回答。

这就是倪老师的心法——常常提醒自己:"如果这是我自己的孩子,我会怎么做?"这样想时,你还会放弃他吗?爱就这么长出来了。

每个孩子都需要被尊重、被看见、被珍视,才能自我认同、自我肯定。孩子很敏感又单纯,他们的眼睛都在看着,老师的对待以及流露的态度就是"教育"。

泰山基金会一直在推动生命教育,也因此和倪老师结识。生命教育是以生命感动生命、以生命影响生命;倪老师用心关

怀、尊重孩子,孩子就能从老师身上体会到什么是爱与尊重。

倪老师初执教鞭时,也曾是凶悍打骂学生的权威型老师,被孩子称为"女暴君";为此,她不断反省、思考与改变。二十年前,她开始以静思语教孩子,因缘际会下参加了"慈济教师联谊会",并与一群慈济老师开始研发静思语教学教材,并在证严上人的鼓励下,为海内外慈济人做了多场演说。从"女暴君"到成为爱心教师、优良教师获得表扬,大爱电视台大爱剧场更将她的故事编成电视连续剧。

退休后,她巡回演讲,并将她教学上的创意巧思、与学生的互动以及家庭亲情写成一个个小故事,字里行间充满感情、触动人心,一如平常她在讲故事;听众的观念在没有说教的压力下无形中受了启发,这也是她多年教学的特殊之处。

本书收录了倪老师教学生涯中一篇篇感人的小故事,对教师班级经营、生命教育以及父母的教养观皆有助益。

推荐序

看见爱的力量

◎ 芥子园

二〇一二年四月，倪老师风尘仆仆地来到南台湾，和芥子园的老师们分享她的教学经验，精彩且实用，我们都很感动。

第一次见到倪老师时的感觉是她很慈祥；我心想，教学年资要累积多久才能这样？听了她的演讲，才了解到倪老师以前也曾经是疾言厉色；但她透过不断的反省、经验的累积、以及遇到了生命中的"贵人"，而有了改变。她所谓的"贵人"，就是指问题状况比较大的学生，会让她想尽办法来克服，也因此有了经验，有了方法。

倪老师无私地分享她班级经营的方法，对我的教学有很大的帮助；也促使我不断反省自己：在教学上遇到的一些困难，是不是只有单一的解决方式，有没有更好的解决方法？

班上的孩子前一阵子十分浮躁，常常要用很多方法让他们静下心来写功课或听课。听了倪老师的分享后，便在上课时播放轻音乐；我发现，孩子们进教室后虽然还是会讲话，但会降

低音量,老师也不需一再要求他们安静。而且我发现,听这些好音乐,自己的心情也会很放松、很舒适啊!另外,我也试着在每天的放学前五分钟,让孩子分享一下今天看到的好事情或是感到开心、快乐的事,希望能让孩子带着愉悦的心情回家。

倪老师分享与爸爸的小故事最让人感动,这故事道出了父亲对子女的爱与深情。父母总是愿意对孩子无怨无悔地付出;如果老师们也都能将每位学生当作自己的孩子来爱,相信孩子在爱的氛围中会茁壮成长。

"好心要用好话说出来。"倪老师对教学的想法,让我们有许多省思。要让孩子变好,通过处罚或威胁恐吓的方式,经常让老师心力交瘁却没有效果;换个方式,和孩子说好话、分享好的故事,这些好话和好故事一旦印证到生活经验里,孩子自然有所体悟。

我发觉自己有很多需要改进的地方,在每天成堆的功课里,忽略了孩子最需要的爱和关怀,只执著在"这道数学题怎么还没订正好!""这个字要订正几次才会记住呢?"倪老师说,每个孩子都希望被看重、被接纳、被肯定;仔细想想,令人向上的动力,的确不会从这样的责备中找到,大人却很容易陷入这种恶性循环。

有时晚上回到家,饭后洗碗时会猛然想起:今天对某个小孩的吼叫是否太粗鲁了些?实在不应该用如此的方式对他……

对于品格教育,真的很难设计课程来让孩子"学会";最重要的,就像老师说的要以身作则,才是最好的品格教育教材。

老师也需要不断进修,才能够迎合学生不断求知的脚步。很幸运能听到这样的课程,让我少走一些冤枉路。

有一次午休时,我看到班上孩子都睡着了,突然感受到一种很幸福的感觉。好想告诉倪老师:"听了您的演讲,让我整个人的心灵提升不少,久违的热情好像回来了一点点,我会好好抓住这种感觉。再次谢谢您!"

倪老师在各处分享这些精彩动人的故事与理念,本书出版后将可让更多的爸爸妈妈与老师学习到许多创意教养的方式,也让老师们能够在教育岗位上充满能量地继续前进。我们常常因为"忙"所以"盲",忽略了很多东西;我想,该开始利用时间说故事给孩子听了。

编注:芥子园是圣功基金会成立的非营利机构,提供弱势家庭(贫困、单亲、隔代教养、外籍配偶等)的小学、初中学童课后辅导。

作者序

我的"心发现"

◎ 倪美英

我刚当老师时,对学生很严格、很凶,常常打学生、骂学生,有时还为了希望班上有好成绩,常常不让学生下课。

有一次,我上课的时候突然肚子痛,急忙去上厕所,在厕所里蹲很久;老师一不在,小朋友纷纷跑出教室,有人也来上厕所,我就在厕所里听见他们的对话。

一个孩子说:"女暴君到哪里去了?为什么好久都不进教室?她不是最爱上课吗?"

另一个孩子回答:"女暴君最好都不要回教室了!我好怕她!真的有够倒霉,姊姊给她教,我又给她教,妈妈还说弟弟也要拜托给女暴君教,妈妈说她最严格、也最棒!但是,我好希望女暴君赶快死掉……"

在厕所里的我,听到孩子的童言童语,难过得哭了!

想起当老师以来,这么认真地每天替孩子复习、复习再复习,为的是让每一个孩子都能学会,能有好成绩,这不就是最

好的老师吗?为什么他们还要叫我"女暴君"?

那天,我像泄了气的皮球,拖着沉重的脚步离开了学校。我不断地反省,想起曾在书中看过一句话:"佛就是觉者。'觉'这个字,下面就是'见';当你能见到自己缺点的那一天开始,就是成为觉者的开始。"我擦干眼泪,在心中发愿:从今起要做小朋友喜欢的老师妈妈,不要当女暴君。我在心中自问:"除了课本之外,我还能教学生什么?"

走进书店,我在书架前寻觅后,拿起了证严法师的《静思语》,映入眼帘的第一句话:"每一天都是做人的开始,每一个时刻都是自己的警惕。"正说中我想重新出发的心情;我仿佛久旱逢甘霖般,泪水不禁夺眶而出。咀嚼着一则则浅白的语句,实实在在蕴含人生的大智慧,令人爱不释手……

从第二天起,我早早到了学校,播放着古典音乐,开始用毛笔抄写静思语;小朋友们看到了"女暴君"的改变,也吵着要学。于是,我让孩子们在联络簿上抄下静思语,再举生活中的例子加以解说,家长也开始天天从联络簿上看到一句句"好话"。渐渐地,静思语教学仿佛施展魔法般,它让学生变快乐了,让家长变欢喜了;它也让我从一个严格急躁、追逐名利的老师,变成一个能和孩子做朋友的老师。

一九八九年,当我翻开证严法师《静思语》的那一刻起,也开启了我另一段特别的人生。

因为找到快乐教学的"心方向",心中常有许多感动和喜悦,我便将静思语教学的心得在报章杂志发表;退休后,我也

有如传教士般,到处分享我的"心发现",因此和许多学校的老师与家长们结了善缘。

很感谢这三十年来陪伴我一起成长的可爱小朋友,更感谢许多老师将他们美好的生命故事与我分享;收在这本书中的故事多是这些年在演讲中分享或在报章杂志上发表的,角色都是化名。感恩泰山文化基金会的策划、美兰的整理编辑以及慈济传播人文志业基金会的出版,谢谢梦禅、咏钧为了这本书牺牲睡眠、快速打字,感谢所有为本书付出的人!

回想着这二十年来,我和许多人分享了静思语教学感动的故事和内容;我想,如果把上人的智慧与爱拿掉,这个"我"还剩下些什么?

我想了又想,我发现,我是一无所有的!

虽然我是如此微不足道,但是,我愿化为一扇窗,让阅读这本书的您能透过我看到不一样的世界,将许许多多的智慧与爱传递给您!

目 录

序	用心感动孩子	◎ 黄翠吟	1
推荐序	看见爱的力量	◎ 芥子园	4
作者序	我的"心发现"	◎ 倪美英	7

卷一 开心门 观自在   1

快乐就是这么简单   2
赞美力量大   6
活出生命中最大的喜悦   11
让孩子当自己的老师   15
留下感动和启发   19
等了五十年的一句话   23
永远不会再退步了！   29
半夜陪孩子到庙里看龙   35
他是"小爸爸"   38
孩子，你累了吗   42
亲情不该有隔夜仇   45
那个"最后一名"的孩子   48

要做永远的第一？	52
一样关心两样情	56
没关系，慢慢练习就会很好	61
做孩子的朋友	64
爱睡觉的学生	67
一片叶子落下来	71
一杯咖啡的启示	75
不放弃孩子	78
点拨孩子展现才艺	81
"话"解伤痛	84
用爱把恐惧变不见	87

卷二　创意魔法教室　91

序曲　快快开学吧！	92
与孩子同游禅境	93
唱出感恩的心	96
动人的好话	101
写字模仿秀	105
爱心存款簿	108
心的留白	111

静思与专注	115
心的 Morning Call	119
我们的秘密基地	123
对不起,都是我的错!	126
喂铜像吃饭的孩子	130
多动小顽子	135
每个孩子都是千里马	139
○○赢了××	143
迷惘的孩子	148
一根沾满油漆的汤匙	151
送孩子一盏心灯	158
当孩子爱唱反调	162
从午餐里学会感谢	166
我们班在养鸡	169
校园里的小豆豆	173
孩子忙着爬玉山	176
终章,未完成……相知的感觉真好	179

卷一

开心门　观自在

天下没有飞不起来的气球；如果有，一定是气球没有被打气。

天下也没有教不好的孩子；如果有，一定是这个孩子从未被鼓励过。

你对孩子的愿景是什么？

我相信，我们共同的愿景是：帮助孩子活出生命中最大的喜悦！

亲爱的爸爸妈妈以及敬爱的老师，让我们以身作则，

天天用快乐的心拥抱孩子，并勇敢说出"我爱你"吧！

成为孩子的伯乐

快乐就是这么简单

欢喜迎来了当导护的一周。

只有在这段时间里,我才能"光明正大"地站在路边,静静地看着行人;因为心是静的,一如明镜,许多不一样的脸谱便映照在我的眼前。

好奇妙!在这么小小的一方天地里,一样的条件,上帝竟然能设计出一个个独一无二的造型!不过,这一张张的面孔,不管是单独走在路上,或是坐在高级轿车里,所呈现的多半是冷冷的、紧张的、不快乐的表情。这让我想起了曾经教学生读诵的一段短文:

> 虽然你一无所有,但是你幸福光明的表情,就是给别人最珍贵的礼物!看到小孩子的脸时,看到兄弟的脸时,看到妹妹的脸时,到商店买东西时,跟菜贩打招呼时,遇到熟人时,只管把幸福的表情挂在脸上;能这样做,你就是那个到处散播幸福的人!你带着愉快的表情,到处散播愉快的种子,比给别人任何珍贵礼物都要有价值啊!

好棒的文章,对不对?我马上做实验,笑眯眯地对每个孩子说:"早安!"

卷一 开心门 观自在

真的耶！回应我的是一张张笑脸，如同一朵朵美丽的花！

再对每一个经过的路人说："早安！"又是一个个甜美的笑容。好美的早晨，好快活的一天！原来，快乐就是这么简单！

你有没有发现，在笑的片刻里，你会处于一种很深的"静心状态"；思想澄净了，胡思乱想消失了，所谓的"禅定"状态，在此就会自然而然出现！

笑了，就能禅定，就能"静心"；心静了，我们就会明白，整个人生其实就是"分享"。

真的！在这个世界上，我们怎么能够占有？世界存在时，我们还没有存在！有一天，我们都将会消失，然而这个世界仍然会继续着……

我喜欢唱佛；想着想着，佛号又自然而然从口中涌出。这十多年来，我上、下班都是骑脚踏车；我常会浏览四周的风景，细心观察每棵树的四季变化，心中总有无限感动。大树不言，但它自满自足地用心开花、结果；不必招呼，我们全都自然而然地投向它的怀抱仰望着它，从内心欢喜地赞叹着它。

人，也是可以如此的；好好地学习，心灵的美好质量也会自然而然地流露……

想到这里，便觉心中一片光明，佛号也越唱越流畅了。我常替佛号换曲调；前几天教学生唱闽南语生日歌："阿公生日快乐，阿公生日快乐，阿公我爱你呀！阿公生日快乐！"觉得甚好，我就改唱成："南无阿弥陀佛，南无观世音菩萨，南无普贤菩萨，南无地藏菩萨……"也很好听。

唱着唱着,被一个同事遇着了,她问我:"你一边骑车,一边在唱什么?"我和她分享了这让心灵澄净喜乐的秘密。她听了,又羡慕又烦恼地说:"我是天主教徒,不能拜偶像的,怎么办?"我欢喜地建议她可以如此唱诵:"圣母玛利亚呀!圣母玛利亚呀……"她听了十分开心地离去。

有一天,我骑车经过她的身边,我的"阿弥陀佛"和她的"圣母玛利亚",在静静的清晨里交互合唱着。

人生,好美呀!

心灵画圈圈

"只管把幸福的表情挂在脸上；能这样做，你就是那个到处散播幸福的人！"

我们都是播种人；你希望这世界是什么模样，就把那颗种子播撒出去，等待它发芽成长；有这么一天，对世界祝福的种子会让你置身在花团锦簇中。请记得，种子不会尽是杰克的魔豆，一定要有耐心等待种子发芽啊！

心灵打勾勾

一、听见花开的声音：收集十个笑容，写下笑容的故事。

二、发现心灵花园：延伸阅读绘本《花婆婆》等。

三、成为园丁的方法：想一想，你可以让世界变美丽的方法是……

成为孩子的伯乐

赞美力量大

之一，那会遮势！*

有一阵子，连续好几周的夜晚，我都受邀到深山部落里为部落的亲子举办亲师生读书会。一开始接下这任务时，我很疑惑：怎么可能会有家长愿意在夜里带着孩子来参加读书会？尤其是在幅员广阔的深山部落，那更是不容易呀！

没想到，第一次去就感受到当地人的热情，整个视听教室充满了学习的欢乐声！美丽的女校长更是场场参与，热情配合。我忍不住地频频赞美她，她也真心地和我分享了她的感人故事。

她一开始便笑眯眯地告诉我，他们家里出了三个校长！我说："好棒呵！请问您的爸爸妈妈是怎么教育你们的？"

她幽幽地说："倪老师，您知道吗？我妈妈是个智能障碍的原住民，而我爸爸是个老荣民（一九四九年左右由大陆去台的退伍军人。——编者注）。"

"哦？"我有些惊讶。

她继续说："我小时候一直很自卑，因为同学常常笑我们兄妹，说我们是'疯子'的孩子。但是我哥哥很勇敢，谁敢这样说，哥哥就过去跟他理论，保护我们不受其他同学欺负。哥哥

---

* 那会遮势：闽南语，"怎么这么厉害！"之意。——编者注

常说:'不可以看不起妈妈!妈妈很辛苦,每天陪年纪那么大的爸爸在田里认真工作,又要煮饭给我们吃,我们应该要孝顺她,不可以看不起她!'

"妈妈虽然不识字,不懂得教育的理论,但我妈妈有个教育孩子的绝招:只要我们拿考卷、作业簿回来,告诉妈妈'我又得甲上了!''我又得第一名了!'……不管我们说什么,妈妈都会举起大拇指,笑眯眯地以闽南语说:'那会遮勢!'

"看着妈妈眯着眼、傻乎乎地举起大拇指,是我们求学生涯中最美好的回忆……

"哥哥后来考上师专到台北念书后,也不断地写信鼓励我和妹妹:'要用功,要争气,要一起来台北念书!'等哥哥做了校长,他又告诉我们姊妹俩:'要争气!要努力!要让爸爸妈妈以我们为荣!'

"所以,自从我当了校长,放学后常留在学校,在晚上办亲子讲座、亲师生读书会,把我的故事跟大家分享,告诉父母要鼓励孩子、赞美孩子,每个孩子都有无限的可能!"

善哉斯言!在孩子一生中最重要的,正是给他们信心的教育!

之二,喜欢赞美的爸爸

从小,美君就认为自己是一个很平凡的孩子,但她爸爸总有办法把她变成天才!

爸爸喜欢陪美君写作业,帮她检查功课。当父亲检查她的功课时,一句平凡的造句就能够被爸爸大惊小怪地大声读出来

成为孩子的伯乐

给大家听。像是课本习题造句要用"显得……"来造句,美君只是简单写了一句:"他看起来显得很忧愁的样子。"爸爸就会大惊小怪地告诉妈妈说:"你看!我们家的女儿竟然会用'显得'来造句耶!这真的很不容易呀!"

美君常被爸爸赞美得飘飘然,每天总是带着愉快的心情进入梦乡。

印象最深刻的一次是,初中时的某年暑假,地理老师出了一份作业,要同学们分组合力完成一张立体的台湾地图,美君是负责画蓝图的。她下课回到家,便把大张图画纸放在餐桌上,慢慢描绘台湾的海岸线。下班回到家的爸爸看到了,又"大惊小怪"地说:"我的女儿怎么这么棒啊!竟然可以一个人独自完成这么大张的地图,还画得如此精准!将来一定会是一个了不起的地理老师啊!"爸爸的赞美果然成真,美君真的成为了地理老师……

美君说,像她如此平凡的孩子能够考上师大并当上老师,这都要感谢她乐于赞美的父亲。她现在也和父亲当年陪伴她一样,用鼓励、赞美取代责备来教导学生,让每个学生都觉得自己好像真的是天才一般;她带的班,地理成绩往往是全年级最好的。

之三,大家都是"长"

想起自己小时候,妈妈很少赞美我,我在学校一直想当个什么"长"的,让妈妈可以注意我。然而,一直到小学毕业,没有一个老师注意到我这个土土的、不起眼的小女孩。

当自己成为老师,我就让每个孩子都当"长"——把全班

卷一 开心门 观自在

分成每组四人——组长管国语、数学作业,副组长管秩序,卫生组长负责晨间检查,第四个簿子长就负责收发本子。

　　实施以来,成效不错;时间久了,偶尔会看到他们渐有当"长"的神态出现。仔细一想,对于班级中的事,如果大家能用"志愿者"的心态来服务,效果会不会更佳呢?

　　于是,举凡扫地、拖地、抬牛奶、擦窗台,甚至连最后关门的工作,负责的同学都以"长"来称呼,并请大家志愿认养;孩子们好开心,纷纷响应。

　　当大爱电视台来班级制作节目时,胖胖的小班长建颖勇敢地面对镜头大声说:"我是'牛奶长'!专门负责抬牛奶和牛奶盒回收!"大姊大雨娄说:"我是'最后长',每天负责关好窗户,最后才回家。"忠厚的匡浚竟然也抢着说:"我是'墙壁长',负责擦墙壁!"惹得摄影师及制作人全场笑倒!

　　回家后,我把趣事和外子(即丈夫)分享,外子听了哈哈大笑说:"我的烦恼解决了!"

　　第二天晚上,换他和我分享办公室的妙事。原来,自从他升为科室主管后,每个月都有临时实习生进来实习;他每天除了忙于开会,也要负责培训这群新手,每天都累得像狗一样。当天,新手又来报到时,他就叫"旧手"来到新手面前说:"这位是本科室的'钉卷'冠军,你好好跟他学钉卷!这位是'裁纸'冠军,这位是'档案'冠军……"只见每位冠军都笑眯眯地将新手领养回去!他快乐地拍拍手,坐在椅子上轻松地笑了!

　　没想到,我的一点小创意正好帮他渡过难关。

心灵画圈圈

责备学生不如赞美学生,赞美比责备的力量大得多了!赞美是信心的积累,责备是自信的摧毁!看见正向处,真心赞美,并不是讨好或是溺爱,而是让被赞美的孩子看见自己的亮点,往亮点处走去,自然而然会以快乐学习获得成就感。看见学生学习时的快乐笑容,不也是当老师的最大赞美吗?莫忘初衷,我们都希望自己是给予学生力量的好老师。

心灵打勾勾

赞美一点都不难,以美丽的眼睛用心观看,别人优点多得不得了!赞美的表达方式可以是——

一、微笑:给予温暖;

二、拥抱:给予热情;

三、大声说:给予信心;

四、献花:给予愉悦。

你赞美了吗?你接收到赞美了吗?

卷一 开心门 观自在

活出生命中最大的喜悦

在一次生命教育研习会的演讲结束前，我分享了名字的意义。我的名字"美英"，是爸爸替我取的；不是希望我美丽又英俊，而是爸爸对我的深深期待。他一生识字不多，只能靠做苦工养活我们；有了我之后，他希望我能好好读书，将来有一天能到美国、英国去留学。

爸爸对我的期望，很深很重地压在我身上。我这一生没有机会到美国、英国留学；但是，靠着不断地说故事，我有了机会可以到美国、加拿大、英国演讲。

当我第一次站在美国的讲台上时，我请台下的观众先闭上眼睛，然后学着卢彦勋一样指着天跟爸爸说："阿爸，我来美国了！"

爸爸的名字叫"四海"，是祖母取的，她希望爸爸这一生能走遍四海，活出生命中最大的喜悦；只是，爸爸过世得太早，没有机会完成他名字的意义。我决心替爸爸实现他名字的使命；我每一年都出国，每年去不同的国家，带回代表每一个国家的脚印（鞋子类的小工艺品），跟爸爸及我的学生们分享。

有一次研习会之后，一位名叫"英美"的老师跟我要了联络方式，希望有机会能到她的学校去分享。半年后，我终于到了这位老师的学校演讲。结束后，英美老师陪着我步出校园；

成为孩子的伯乐

一路上,她侃侃而谈她的生命故事……

她说,她有很长一段时间不喜欢自己的名字——英美,觉得很俗气。先前听了我的演讲,她问了爸爸,为什么为她取名"英美"?这名字好俗气呀!爸爸有点不好意思地回答:"爸爸读小学一年级时的班长,长得漂亮又聪明,她的名字就叫'英美'。有了你以后,我希望你能像爸爸小时候的班长一样,又漂亮又聪明……"哇!原来"英美"是爸爸的初恋,是爸爸对女儿的祝福。听了这个故事,她开始喜欢这个名字了。

"倪老师,我结婚十多年,一直没有生孩子,我的婆婆逼着先生跟我离婚。离婚后,我整个心都空了,不知道生命意义在哪里,每天行尸走肉地活着。直到听了您的演讲,您说:'光明的思想带来光明的人生!'所以我试着改变自己。我这一生没有自己的孩子,但是我有学生啊!我要用父母的爱心对待每一个学生,这些学生就是我的孩子!

"我们班有一个人见人嫌的多动儿,每当我在上课时他就捣蛋。有一次,我轻声细语地对他说:'翔翔,你乖,你让老师好好上完这堂课,老师下课后就为你一个人讲好听的故事。'我的温柔感动了翔翔。他静静地上完这堂课,下课后便迫不及待地跑到我身边。我拿起故事书,牵着他的手指着字,一个字一个字地读给他听;放学时,还让他把这本好看的故事书带回去,跟他的爸爸及弟弟分享。

"一个月后,翔翔的爸爸来到学校告诉我:'这个月来,我看着翔翔一天一天地进步,心里好感动!感谢老师用善心与爱

对待翔翔,可以邀请老师一起去参加公司举办的员工旅游吗?'

"原来,他是个单亲爸爸,翔翔让他每天一个头两个大。我的一点点付出,却改变了他们一家人。"

英美老师拉着我欣喜地说:"倪老师,感谢您!我也活出我生命中最大的喜悦了——翔翔的爸爸向我求婚了!我这一生虽然不能生自己的孩子,但是别人替我生了个好孩子叫我妈妈。"

我和她手牵手站在高大的椰子树下,分享彼此的感动与父亲对我们的祝福。

心灵画圈圈

名字是世界上最短的咒语，同时也是永恒的祝福。一个人呱呱落地后，父母为这珍爱的宝贝挂上了虔诚祈求来的平安符——名字；我们这一生便带着这独一无二的平安符，承接父母给予的呵护与祝福。名字，是父母给孩子的最大财富！

心灵打勾勾

一、我的平安符：记录自己名字的故事，并将名字的祝福折成平安符，可以做成项链或是挂饰，让平安符的祝福随时守候你。

二、我的祝福卡：为你的树、玩具、铅笔、房间等命名；当你一命名，就表示了你的承诺与祝福。

让孩子当自己的老师

班上的小凯是个独生子,很依赖妈妈。

小凯的妈妈告诉我,这孩子从小就很懒散。从一二年级开始,早上要妈妈不停地叫唤才会起床,写功课也要妈妈一直催;检查作业是妈妈的事,穿衣服、收拾书包也都要靠妈妈……到了三年级,开始上整天课,学校的功课变多了,他更是穷于应付,便开始赖床,拖拖拉拉地不想上学。

小凯的爸爸长期在大陆经商;他想念孩子,关心孩子,天天打电话遥控指导。妈妈觉得自己压力很大,简直快要抓狂了!

看到小凯妈妈的烦恼,我想起自己也曾经是个典型的"橡皮擦妈妈",天天压迫着孩子,让他喘不过气来!

那时,我陪着念小学的孩子写功课,常常越陪越气;每次写完一项功课,他便顺手一丢说:"妈妈检查!"就在一旁自顾自地玩了起来。我看到写得不够端正的地方,就替他擦掉,请他重写,他就心不甘、情不愿地生气耍赖。有一次,他赖在地上大声哭闹,我气不过,还动手打了他。

后来冷静想想,这个令人讨厌的磨人精,上小学前可是天真可爱得很呢!

孩子很小的时候,就喜欢帮忙做家事;他会帮忙把碗筷排

成为孩子的伯乐

在餐桌上,陪着我整理衣服,拿扫把扫地……虽然从头到尾只是模仿,甚至帮倒忙,我还是会欢喜地对他说:"谢谢!""好能干呀!"他听了又高兴又得意。有时候,他还会说:"妈妈,我帮你捶捶背!"就用可爱的小拳头在我背上打出声响,让我觉得又舒服又开心。

上了幼儿园大班后,每天有功课,上学要带书包。有一天出门时,我看时间来不及了,先下楼牵出电动脚踏车,请他吃完早餐再到楼下来;没想到,在匆忙间他忘了背书包,一直到了学校才发现。他哭着叫我回家拿,我告诉他:"妈妈马上要开会,实在来不及了啦!"之后的那几天,他因为怕自己又忘记带书包,便背着书包吃早餐。

小小年纪的他,就已经开始学习如何避免犯错的方法,可见孩子并不是天生喜欢犯错的。

我想到证严法师的一句话:"用菩萨的智慧对待自己的孩子!"菩萨以大悲心接纳众生,永不弃舍,我又是如何对待自己的孩子呢?是什么因素让他现在这么不快乐?如果今天换成是我写好的作业被整个擦掉了,我会作何感想?

我决心改变自己。想起他小时候在游戏中学习是多么的快乐,于是我换个方式,邀请他来玩"当老师"的游戏。

我跟孩子说:"从今天起,请你自己来做你自己的老师,妈妈只负责签名。好不好?"

我温柔地告诉他,功课是他的,所以做完功课后必须自己检查;完成之后,我就会在家长栏签名,并且还会写上好话赞

美他。

从此,孩子变得好开心!因为,老师看到了妈妈的赞美,也会再一次赞美他。为了得到这些赞美,他每天都好仔细地检查功课,还会边改边说:"这里不整齐了,重写……又粗心了,重做!"想不到,他当了"老师"后比我还严格。

让孩子自己当老师,读书就变成快活的游戏了。

我跟小凯的妈妈分享这段往事后,也请她跟孩子一起玩"当老师"这个游戏,我在学校则一同鼓励小凯。

经过一段时间的亲师合作后,小凯回家后都会马上写作业,自己检查功课,并且自己整理书包,还会把容易忘记带的水壶、美劳用具等物品放在一起。

小凯妈妈说,有一次发现小凯忘了带美劳用具,实在很想帮孩子送去;考虑许久后,还是打消念头。孩子回家时,她没有指责,只是笑眯眯地鼓励孩子:"你今天忘了带美劳用具,要好好谢谢借你用的同学啊!妈妈相信你下次一定会记得的。"她学会了把学习的空间留给孩子。

爸妈太认真,孩子就懒惰;大人急着帮孩子打理所有的一切,孩子就什么都不会!如同银幕上的影像,是强烈光源投射出来的;如果我们换了一卷影片,影像马上就改变了。当我们存着快乐欣赏的心,就会出现好孩子!当心灵陷入悲伤或生气时,坏孩子就马上出现在眼前了。

心灵画圈圈

我们以养草莓的方式教养孩子，他们自然成为草莓；如果希望孩子成为独立坚强的仙人掌，就以培养仙人掌的方式对待他们吧！

我们无法永远呵护孩子，让他处在玻璃温室中；如何引导孩子适应环境、面对困难，是父母该做的课题。让我们以祝福的心看待孩子；关心而不担心，祝福、赞美、同理、安慰、倾听与接纳，引导孩子在生活中学智慧，在错误中求成长。

爸妈太认真，孩子就懒惰；想引导孩子发挥天赋才能，就一定要给孩子适当的工作，引导他当自己的老师吧！

心灵打勾勾

一、人格养成的路径参考：关于一只猫的身份确认，参阅黄春明绘本《我是猫也》，台湾联合文学出版。

二、非洲丛林医生、诺贝尔和平奖得主史怀哲（Albert Schweitzer，又译阿尔贝特·施韦泽）说："教养子女的三大原则是：以身作则、以身作则、以身作则。"

亲爱的爸爸妈妈，你们是否在以身作则地教养子女？

留下感动和启发

前几天到台北某知名初中,参加他们每周一次的家长成长会的分享;那一天,我分享了巴西球王贝利的故事——

贫穷的贝利小时候没钱买足球,只能踢塑料盒及汽水瓶。因为努力练习,他在十岁的时候,在他的家乡踢足球踢出了一点名气,大家看到他都会很热情地跟他打招呼;还有一些大人总是拿烟给贝利抽,而贝利也很喜欢学大人"抽烟的感觉"!

他渐渐染上了烟瘾。

因为家里没钱,就到处跟别人讨烟。有一天,他在讨烟时被爸爸看到了,爸爸问他:"你抽烟抽多久了?"

知道自己做错的贝利,以为爸爸会很生气地打他一巴掌,害怕得低下头来不敢说话;没想到,爸爸却给了他一个深深的拥抱。他含着泪对贝利说:"孩子,你这一生一定可以成为很伟大的球员!但是,如果你不珍惜自己的身体,怎能在比赛中维持体力?你现在染上坏习惯,你的足球生涯可能就到此结束了,好可惜呀!"

贝利听了好感动,他决定从此不再抽烟。长大后,他果然成为很厉害的足球运动员,也开始接很多广告,但他

决不代言烟、酒等伤害身体的产品。他总是感恩着小时候爸爸对他说的那些话,永远感恩着。

说完故事,我请大家也来谈谈:"这一生有没有从哪位老师或者父母那儿得到像贝利一样的感动和启发?"

全场一时间鸦雀无声,只有一位气质高雅的妈妈举了手;她说,她这一生最感谢的也是父亲,"我的父母都是老师,爸爸是退休的校长。我从小在充满爱与欢乐的家庭中长大,从来不知道别人的家庭跟我的家庭会是不一样的。"

她随后接着说道:"结婚后嫁到夫家去,我每天都在哭,因为我的婆婆非常强势和霸道。我在厨房里帮忙做菜,只要有一滴水滴到地上,我的婆婆就会大声斥责我,夹在中间的先生也不知道该怎么办才好。"

有一次她真的受不了了,回家哭着告诉父母,爸爸安慰她说:"中国人最重视五伦、五恩;所谓五伦就是天地君亲师,五恩就是要报答天地君亲师。一个人能孝顺父母就一定会有好的福报;你看,你出生在安稳的家庭,先生体贴,子女乖巧善良,这些都是因为你能忍耐和孝顺父母的福报。"听爸爸说完,她觉得心中的委屈都消失了。

这位妈妈接着说:"我想,如果我孝顺我的婆婆,感恩我的婆婆,这些福报将来也都会回到我的子女身上。心念一转,心就平了!后来,不管婆婆怎么说我,我都欣然接受,笑眯眯地用感恩的心接受婆婆对我的指导。"慢慢的,婆婆对她的态度便

有了改变。

她的小女儿在练习写生字时,碰到难写的字常常没有耐性。有一天,她在写"聽"(简体为"听")字时就发脾气不想写了。

"我本来想骂她的;但是,我突然想起自己小时候学写这个字时也是像她现在这般生气,那时候我跑去问爸爸:'古时候的人为什么要造这么难写的字呢?'爸爸抱着我说:'来,爸爸教你怎么写。把这个字拆开有三个部分,耳朵的耳,耳朵下面是王,旁边是道德的德的右边。'除此之外,爸爸把这个字用点字的方式点出来,叫我顺着他点的点来练习,还牵着我的手将每一个点慢慢连起来。每一个难写的字都在爸爸发明的点字法中慢慢学会了。

"爸爸除了用点字教我写字,也告诉我每个字的由来;牵着我的手练习写字时,我觉得爸爸的手好温暖,好喜欢和爸爸一起写字的感觉。现在换我用点字的方法来教我的孩子吧!我牵起孩子可爱的软软小手,也要将爸爸给我的这份爱传下去。"

这位妈妈用温柔的微笑做了总结。

心灵画圈圈

父亲或是母亲，始终是我们生命中难以舍离的原乡；因为，我们生命的源头是来自父母，我们迈开人生步伐追求美好的初衷也是源自他们。爸爸妈妈教我们做的事，总是要让我们感受生命的美好，然后幸福地活下去。

心灵打勾勾

一、妈妈（爸爸）教我做的事：爸爸妈妈教我们的事有好多好多，可能有一首歌、一个故事、说话的方式、好脾气……你记得的是什么呢？你有传给下一代的，是父母亲教你的哪一件事？

二、有妈妈味道的菜：煮一桌"故事菜"，为每一道故事菜命名，用有妈妈（爸爸）味道的故事喂养你的孩子，分享给你的朋友，滋养你的心。

卷一 开心门 观自在

等了五十年的一句话

从小，我就很怕妈妈，因为妈妈很凶；据说，是因为奶奶对她很凶。由于妈妈是童养媳，从小在打骂教育中长大；因此，奶奶怎么骂她，她就怎么骂我。而且那个年代不讲爱的教育，反倒是"棒下出孝子""严师出高徒"之类的观念深植人心。

打骂式管教，深深刺痛幼小心灵

妈妈也会从电视上学到一些招数，有样学样地教训我。那时，电视歌仔戏正流行，常有一幕是：犯人若是不肯招供，官爷就立刻用刑伺候——用一串木条将手指头狠狠一夹，犯人就全部招了。妈妈很快地学会这招，每次看我写字歪七扭八时，就用铅笔使劲往我手指一夹；"唉哟喂呀！痛死了啦！"一阵嚎啕大哭后，我必定一笔一画地认真写。妈妈每次看见我端正秀美的字，就洋洋得意说："这都是我用铅笔夹你手指头的功劳啊！"

妈妈总是动不动就骂我；有几回我实在气不过，就顶回去。小孩的顶嘴方式就是，妈妈怎么骂我，我就怎么回应过去。有一次我随口说："我能考上女中，你怎么都考不上！"因为我知道，妈妈一向气自己没能受教育，所以这句话最能狠狠刺伤她的痛处。

成为孩子的伯乐

妈妈也经常指责我"奸巧",因为她牢牢记得我三岁时所做的一件事;此后,这个骂名就像紧箍咒般缠了我长达五十年,深深刺伤了我。

三岁的幼儿会做出什么"奸巧"的事呢?

当时,我的小弟刚出生,每四小时就有香浓的牛奶可喝,看得我既羡慕又嫉妒。有一天,我自告奋勇要帮小弟喂奶,妈妈就将奶瓶交给我;当她转身走开时,我就偷偷喝起牛奶了。喝得正投入时,小弟哇哇大哭,邻居的大婶们纷纷扯开嗓门大喊:"看啊!你们家妹妹在做什么好事!"妈妈赶过来时,我立即眼明手快地用奶瓶堵住小弟的嘴,哀怨地说:"弟弟,你不是在喝牛奶吗?为什么要哭呢?"可是,这一招瞒不了大人;妈妈痛骂我做错事还说谎,就用藤条抽得我两腿通红肿胀。

妈妈将此事一五一十向爸爸转述,并说:"这么奸巧的小孩,以后怎么办?"爸爸只是沉默。过了一会儿才说:"以后,我们大人节俭一点就好,不要苦了孩子。"从此,弟弟喝牛奶时,我也有一小杯可以喝。

父爱的抚慰,启发学习契机

上初中后的第一次月考,我拿到成绩单时差点昏倒了——全部不及格,是全班最后一名。这样的烂成绩我怎敢拿回家,妈妈肯定会生气的啊!于是我急中生智,就用橡皮擦猛改考卷,自以为改得天衣无缝。

回家后,忐忑不安地将考卷拿给正在看歌仔戏的妈妈,当

时正在播《包公传》；妈妈瞥了一眼考卷，就像包公上身般大声呵斥："这张考卷是假的！"然后劈里啪啦地像连珠炮似地开骂："淡水河没盖盖子，你怎么不去死！"我家就在淡水河边，妈妈总是以这句话作为愤怒的结语。

当天我真的走到淡水河边，万念俱灰地想投河；当时，往事历历闪过眼前，我忽然想到：虽然老师不爱我，妈妈不爱我，但还有爸爸——他宁愿自己缩衣节食，就为了让我也有牛奶可喝。爸爸是这样爱我啊！

爸爸的爱将我从鬼门关前拉回来。我在妈妈就寝时间后回家，发现爸爸还在等我。爸爸带我到厨房，拿出好多剩菜剩饭；早已饥肠辘辘的我，顾不得悲伤地狼吞虎咽，这真是我吃过最丰盛美味的一餐了。其实，妈妈也在等我，但她还是冷冷地说："厨房有尖嘴仔在偷吃饭菜呢！"

爸爸没多说什么，只安慰我："妹妹，你需要帮忙！"隔天便带我去补习班报名。因为每一科都要补，爸爸把他身上的钱全给了班主任，还不够补习费的一半。他对我说："你不用担心，钱的事爸爸来想办法。"补习时，我竟然像是突然开窍似的，老师讲的课听一次就完全懂了。

回家后，我满心欢喜地向爸爸报告，上课内容我都能听懂了，爸爸也很满意，然后带着一台才新买三天的SONY牌收音机出去了；再回来时，他将一沓钞票交给我，要我去缴不够的补习费。拿到爸爸用收音机换来的钱，我的眼泪不听话地扑簌簌流下。我说："阿爸，谢谢您，我一定会用功读书，不让您失

成为孩子的伯乐

望的！我将来一定会当一位好老师来报答您！"妈妈仍不改冷嘲热讽的口气，在一旁说："你若考得上师范大学，我这只脚也考得上！"我后来能如愿上师大，妈妈的另类激励不能说全无影响吧！

妈妈一句话，我等了五十年

亲爱的爸爸妈妈，请记得，好心要用好话说出来！其实，我明白妈妈也爱我，但让我铭感于心的始终是爸爸。爸爸去世二十余年了，我没有一天不感念他，因为他总是用最大的包容来爱我。所谓"美容"，"美"是形之于外，"容"是内化于心；也就是说，我们的包容度愈大，我们的形象就愈加美好。爸爸过世前在我手上写下"孝"字，我明白他的用意是要我孝顺妈妈；我才一点头，爸爸就安然离开了。

爸爸过世后，他临终前的叮咛，我一直念兹在兹。某一天，我问妈妈最想做什么事？妈妈回答"看电影"，她很怀念年轻时爸爸常带她去看电影的美好时光。此后，每个月我都特地上台北带妈妈去看电影。

每回跟妈妈去看电影的路上，都是妈妈走在前面，我走后面；我实在是太怕妈妈了，所以连跟她并肩同行都不敢。直到有一次看完电影要过马路时，刚好红灯，我伸手一把拉住妈妈；一牵手的刹那，儿时的感觉全涌上来了。我依稀记得，妈妈的手是那么大、那么柔软；此时，我手里牵着的手，却是这么小、这么粗糙……

卷一 开心门 观自在

　　无论如何，能够再次和妈妈手牵手，真是欣喜莫名。妈妈也紧紧握着我的手；一路上，我们的手都没再放开过。到了家里，妈妈回头看着我；一时之间，我也不知哪来的勇气，竟开口说："妈妈，我可不可以抱抱您？"她就走过来用力抱住我，我也用力抱住她！我好感激妈妈啊！在我们紧紧相拥时，妈妈说："妹妹，你真是个好孩子！"当下，我哭得不能自抑，从台北一路哭回南投。

　　当时我已经五十岁了，第一次被妈妈说我是个好孩子。这句话，我等了五十年啊！

心灵画圈圈

有一首诗说:"虽然你一无所有;但是,你幸福快乐的表情,就是给别人最好的礼物。"亲爱的爸爸妈妈,请不要吝惜对孩子表达你的爱与肯定;一个温暖的拥抱,会是孩子最坚实的靠山;孩子也会如你爱他一样的,对你回以最深情的爱。

心灵打勾勾

一、看见亲情之爱:以大自然为师,说说动物父母如何照顾动物宝宝。

二、不能没有你:父母是靠山,我们一起为这座山种树,进行水土保持工作;每一个感谢都是一棵树,也表示你感受到的爱。

卷一　开心门　现自在

永远不会再退步了！

"天啊！我竟然是全班最后一名……"

看到成绩单的那一刻，小禅差点昏倒。八科里，有七科成绩不及格，唯一及格的一科还是联考不考的"公民"。"完了！完了！"的声音不断在她心中回荡着，妈妈看到成绩单一定会气到疯掉……

考最后一名也不错

怀着一颗忐忑不安的心，小禅拖着沉重的步伐踏上回家的路；明明是同样的路，怎么今天走起来格外地远……

回到家，小禅怯懦地平举双手，低头颤抖着将成绩单递给妈妈，等待着预期中的责骂。没想到，妈妈看了成绩单，什么话都没说，径自走进洗手间；小禅怀着惊惧，杵在原地，动也不敢动，心里开始各种揣测。

不一会儿，妈妈走出来了，站到小禅身边；仍旧低着头的小禅，已经准备好接受妈妈的斥责。

这时，一双臂膀紧紧地环抱住小禅，妈妈的声音也在耳边响起："孩子！考最后一名其实也不错；因为，你永远不会再退步了！"

小禅的眼眶与心里顿时充满了暖意；她知道，妈妈这句话

不仅是宽容与体谅,更带有浓烈的鼓励意味。妈妈的这番话让小禅了解,自己的未来将会不断进步。就在她抬头看着妈妈要说谢谢时,妈妈又笑着补了一句:"你不仅不会再退步,而且你将来一定会是个好公民!"

这是我和女儿小禅的真实故事。

当下转念,亲子关系不再对立

那天,在电视台全民大讲堂的演讲结束后,主持人林书炜小姐采访陪我录影的女儿。她问女儿:"小禅,你心目中的妈妈是一个怎么样的妈妈?从小到大,和妈妈的互动中有什么事件是最让你难以忘怀的?"

女儿因此说出了这则往事。听她谈起当年,那天的印象清晰浮现……

女儿高一时,第一次月考成绩公布当天,回到家便主动跟我说:"妈,您打我好了!"我心想,一定是成绩糟透了;果不其然,全班四十五人,她考第四十五名。看到成绩单的瞬间,我脑门轰的一响,心中尽是失望与愤怒:"老师的小孩竟然考出这种成绩!"情绪正要爆发时,脑海里忽然浮现了"转"字;于是,我将正要出口的话咽了回去。

为了缓和情绪,也整理一下思绪,我转身离开现场去洗手间。弓着身站在洗脸盆前,我不断用冷水泼脸,让自己翻搅的心沉静下来。稍微冷静之后,我开始在心中自语:"考试考不好,谁最难过?我想,她自己才是最难过的人。她今天走在回

家的路上,感觉一定比以前都来得漫长……"想到这里,原有的怒气瞬间烟消云散,心也不由得柔软起来。

我走出洗手间对女儿说:"你的成绩单再让妈妈看一次。"

"再看几次都是最后一名……"女儿自暴自弃地说。

奇妙的是,我这次看到的竟不一样了——我看到一片红字中有一科是蓝字,而且还是一百分,那科是"公民"。虽然这一科联考并不考,我还是对女儿说:"你不错呢!公民考一百分,将来一定是个好公民!"我又说:"考最后一名也不错,因为从此你不会再退步了!妈妈祝福你,你有好大的进步空间呢!"

我张开双臂给她一个大大的拥抱。

女儿欢喜落泪了,她说:"妈妈,您怎么这么有智慧呢!好高兴您这样包容我。从今天起,我不会再考这样的成绩,我不会再让您为我担心了!"果然,女儿说到做到,大学和研究所都以第一名的优异成绩录取,而且每学期都拿奖学金。

其实,我一开始也是个很糟糕的妈妈,因为我都跟着我的妈妈学,把她那一套打骂式的管教继续用在孩子身上。

女儿上小学起,我从未陪她做功课,但她的成绩一向不错,我也认为理所当然;上初中后,成绩却一落千丈。有一天,她放学回来,我第一句话便问:"考试考第几名?""二十三名。"她说。

她从小学起大多是第一名,现在竟掉到二十三名!我那天像发了疯似的,拿起衣架死命地往她身上打,直到她受不了大叫:"妈!我快要被你打死了!"我才蓦然惊醒,懊悔自己怎么

成为孩子的伯乐

跟妈妈一样……

"我还要继续这样对待我的孩子吗?"

我突然觉醒了——"觉"字下方是"见",意谓看见自己。我不要继续在错误中轮回,不要女儿将来再继续打骂她的孩子。于是,我慢慢学习改变,慢慢学习当个温柔的妈妈。

你会是一个好公民

孩子说完后,不仅一扫先前内心里的忧虑,更进一步与我分享她那天早上在学校的遭遇。

在以升学为重的学校里,大学联招不考的"公民"这堂课,常会被其他重点科目的老师借去上其他课;即使没被借课,学生们上课时也都不会用心听讲。因此,在女儿的校园里,常能见到白发苍苍的公民老师孤单地在校园行走的身影。那天早上,一向好说话的老先生竟然拒绝将课出借给班长作为啦啦队的练习使用,并以严肃的口吻告诉班长:"我今天要亲自来发月考的考卷。"

上课钟响,公民老师才走到门口就忙着喊:"张小禅!张小禅是哪一位?"一踏进教室又继续喊:"张小禅在哪里?"

女儿以为自己做错了什么事,慌张地站起身。只见公民老师走到她座位前,缓缓从口袋中掏出一个红包,眼眶湿润地连同考卷交给了女儿,沙哑地说:"小禅,你公民考一百分!这个红包送给你!"红包里头装着一张百元台币、五枚一元人民币以及六枚一分人民币。

为此,全班一片哗然!一些同学更揶揄起女儿来:"吼!张小禅,联考又不考公民,那么努力K(读)要用来干嘛!""哎!你公民考一百分,以后可以拿良民证啊!"

女儿说,"公民"考一百分并不是为了得到老师的奖励。只是单纯地喜欢"公民"这个科目,于是认真地读它;只是喜欢和她爸爸一起讨论公民课里谈到的法律问题,所以认真地读它。说到这儿,女儿突然充满期盼地看着我的眼睛问:"妈妈,我不知道公民老师为什么要给我人民币,但我真的好感动啊!您了解吗?"

当下我领悟到:我的女儿或许不会有多么伟大的成就,但是,我相信这辈子都能以她的良善、体贴以及端正的品格举止为荣。

就在孩子决定以中文系为第一志愿并以第一名的成绩甄选上大学时,我突然懂得了那几枚人民币的意义。我内心清楚地知道,就是那位公民老师的孤单身影以及他赠与女儿的那几枚人民币,启发了女儿探讨中华文化的兴趣以及对文化传承意义的体认。

当年的那张成绩单或许是杯苦茶;然而,我此刻的心多么回甘呀!

心灵画圈圈

孩子是慢慢养大的；有些孩子属于大器晚成，我们千万不要被那些"别让孩子输在起跑点"的广告词给迷惑了！与孩子间的互动，最重要的不是课业成绩的要求，而是心灵间的对话；如果不方便启齿，写纸条或写信也是很好的沟通方式。孩子的成绩好坏不代表一切，重要的是正确的人格发展；藉由一个微笑或一个拥抱，都可以引导孩子走向正确的人生方向。

心灵打勾勾

一、心灵 mail（邮件）：写信给老师，赞美并感恩老师。

二、心灵想象题：如果你是一位老师，你想成为怎样的老师？

卷一　开心门　观自在

半夜陪孩子到庙里看龙

　　美珠从小做任何事都喜欢拖拖拉拉，写功课也是如此，不到睡觉前绝不肯动笔开始写功课；这样的情况到了寒暑假尤其严重，美珠总是在假期最后一天才肯开始动笔。妈妈常叨念美珠，但她依旧我行我素。

　　直到小学五年级时发生了一件事，她的这个坏习惯才彻底改过来。

　　那一年，妈妈也像往年一样陪美珠写作业写到深夜。终于，美珠以为寒假作业全做完了，可以安心去睡觉了；突然间，她发现有一张图还没画，而那一张图的题目是"新年的舞龙舞狮"。

　　当年没有网络可以查资料，妈妈拿了一张大图画纸跟美珠说："没关系，我们可以慢慢画。"但是，当她拿起画笔，才发现完全不知道该怎么画。美珠跟妈妈说："我不知道龙长得什么样耶！哪里有龙呢？"

　　妈妈一反常态，并没有骂她做任何事都拖拖拉拉，反而轻声告诉她说："庙里有龙，我们一起去庙里看龙！"

　　当时已经是深夜一点！妈妈叫美珠快穿衣服，一起去庙里看龙。妈妈骑着破旧的脚踏车，摇晃地载着美珠到离家好远的妈祖庙去看龙柱。

　　到了庙门口，两人蹑手蹑脚地走进庙里，妈妈拿着手电筒

～35～

成为孩子的伯乐

照着龙柱,告诉美珠:"孩子,快看清楚啊!"

美珠紧张地看了看龙柱便告诉妈妈:"我记住了!我们回家画图吧!"

母女俩便赶忙回家。骑到半途,美珠脑中的龙柱模样却越来越模糊,她忍不住告诉妈妈:"妈妈,我已经忘记龙的样子了,怎么办?"

妈妈二话不说,停下车来调头,重新带美珠回到庙里。这一次,妈妈更温柔地对她说:"妹妹,要看清楚啊!多看一会儿会清楚一点!"

美珠努力观察,老老实实地把龙的样子印在脑海之后,美珠告诉妈妈:"好!我们可以回家画龙了,我不会再忘记了!"

一回到家,美珠马上提起笔将庙里的龙活灵活现地给画了下来;但是,画到天亮也只画完它的主体,已没有多余的时间再画背景了。

一张只画着龙而没有背景的图就这样交给了老师。老师看了她的图,竟然在全班面前大大赞美了一番:"好棒啊!这龙画得栩栩如生!"

美珠那张没有背景的龙就在教室后方的布告栏上整整贴了一个学期。

妈妈陪她到庙里看龙的这件事,一直深深印在美珠的脑海里。她说:"我现在当了妈妈,也当了老师;每当对孩子没耐心时,我就想起妈妈和老师对我的温柔与宽容,我也要把这份爱用在我的学生身上。"

心灵画圈圈

无论父母说话的声音多大或是多生气,心中总是柔软的,他们终究还是将我们紧紧拥入怀中;在我们沉沉睡去时,为我们盖被……他们是我们生命的终极守护者。

心灵打勾勾

一、如果你想要孩子的笑容,就用你的笑容来换吧!

二、搜集与父母亲的记忆,串成一串珍珠,成为传家宝。

成为孩子的伯乐

他是"小爸爸"

新学期，我也接了新班。

在开学的第一天，当我要小朋友回家后记得将联络簿交给爸爸、妈妈时，才说到"爸爸"，小宏就大声地打断我："老师，我爸爸在上海！"

我瞪了他一眼。

下一节课，我拿出注册单请小朋友拿回去让爸爸、妈妈拿到邮局缴费；我才说到"爸爸"，小宏又大声地打断我："老师，我爸爸在上海！"

这次换成全班瞪了他一眼。

放学时，我发给每个小朋友一封老师写给爸爸、妈妈的信，同时也邀请爸爸、妈妈写一封赞美孩子的信给我，小宏仍然大声地打断我："老师，我爸爸在上海！"

当天，全班都被小宏这一句"老师，我爸爸在上海！"搞得快抓狂。

隔天一大早，小宏第一个把父母的分享信交给我。我忍不住问他："你爸爸不是在上海吗？"他低着头回答我："我妈妈在呀！她写的。"

在早晨的心灵谈话时光里，我用心读着每一封信，其中一封这样写着：

"好感恩,我拥有这么贴心的孩子。我是小宏的妈妈。暑假期间,小宏的爸爸转职到上海,留下我独自照顾小宏和他的两个弟弟。我好累,脾气也越来越暴躁;对小宏,我的抱怨多过赞美。

"前两天的晚餐时间,小宏的两个弟弟又哭又闹,我气得把自己关在厨房内大哭……就在这个时候,小宏主动地、默默地喂弟弟们吃完饭,然后很温柔地帮两个弟弟洗澡……

"这件事让我又惊讶又难过。惊讶的是,小宏小小年纪就已经能够体会妈妈的心情与压力;难过的是,我从来没有给小宏表现的机会,反而天天责备他什么都不肯做。今后,我会用心地重新看待小宏……"

我含泪读完分享信,全班孩子的眼眶红了,小宏也是。

原来,小宏在开学第一天之所以一直打断我,其实是要告诉我:爸爸调职到上海去,临行前交代他要负起当家中男主人的责任,要好好地照顾妈妈和弟弟们——他现在是家中的"小爸爸"了!

小宏教了我一件事:要用全新的眼光重新看待并且善待每一个孩子,因为他们心中都住着一位小天使!

成为孩子的伯乐

亲师生的美好循环

最近，我们家的小宝贝 _____

做了件事让我觉得好幸福

越夸越能——说他好，他才会更好

怎么说呢？

因为 _____

_____

好感恩

我拥有这么一位（　　　　　　　　）的宝贝

　　　　　　　最爱宝贝的爹（娘）_____

心灵画圈圈

孩子是天使，总会在我们束手无策的时候，让你看见光明，并且重新思考面对他们的态度。天使不说教，而是直接给你故事，让你感动，让你学会转换角度。

心灵打勾勾

一、超级好朋友：介绍好朋友的家。

二、我能为你做的事：画一张"天使卡"送给你的好朋友，日行一关怀。

三、亲师生赞美卡：每一句赞美都是能量的来源，请以"赞美"为身旁的人"加油"吧！

成为孩子的伯乐

孩子，你累了吗

常有机会到初中与家长们分享"有效的亲子沟通"等议题。初中家长最焦虑的，大多是成绩及孩子上网晚睡、早上起不来的问题；这些疑虑，使我想起了女儿初中时的狂飙岁月。

那段时期，她的情绪暴躁、焦虑已到了临界点。每天回家后，就重重地甩上门，把自己摔在床上，开着灯一直到天亮；美其名曰是在读书，其实是一觉到天亮！

天亮了，又听见她大吼："来不及了啦！怎么办？我一个字都没读！妈妈你怎么都不叫我?！"天晓得！我一夜起来数次，一会儿热敷，一会儿冰敷；有时急得拿出三个闹钟放在她的耳旁，她依然能睡呀！

我又急又气！但是，转念一想：她是不是太累了？就如同我大学毕业旅行回来后连睡了三天，妈妈也在我的耳旁一直叫我，叫到母女俩都气乎乎！那时的我还只是旅行了十天，现在的她却是整整累了三年！每天清晨匆匆出门，夜深了才回来，一天要考八科，实在太累了！就让她好好睡吧……

"考不上高中也没关系的！"我这样回答关心她的班主任。

某个星期天的早上，她突然早早起床说："我今天不想去学校自习了，我要和家芬一起去游泳！早就约好了的，我一定要去！"

"哦！她不是只剩下一个月的时间就要甄选考试了，她还有这种心情？"她爸爸在房里喋喋不休地说着。

我善解了她。也许，她真想去游泳，已经三年没游了啊！

"去吧！"我干脆答应。

"真的？妈妈！"好久没听到她这样温柔的答话了。

一小时后，她回来了。"游得高兴吗？"我问。

"水好冷，人好少，没什么意思耶！妈，人都到哪儿去了呢？"

"都在读书，准备联考了！"

"喔……"

从那天起，她自己订了份计划表，每天认真读书，好不容易从初中顺利毕业，后来也甄选上了公立高中。

心灵画圈圈

做父母的我们若能用心体贴，面对孩子做错的时候，能忍一下，不叨念他，多给他们一点柔性的关怀，孩子们的心里自然有所激荡，有所感受；孩子们能体会你的心意，走出一条好路来！一点柔性的关怀，其实是一股温柔的力量，能将孩子原本具有的面对问题的能力逐渐引导出来。

心灵打勾勾

一、亲爱的大人们，让我们回到自己的狂飙岁月：你那时的疯狂是什么，希望被理解的是什么？

二、我们不要成为孩子的开路先锋——"先锋"太严峻了！如果是伴随孩子往前走的同伴，我们会比较温柔，会放弃第一时间的说教，取代的是愿意聆听孩子一路上的故事。今天就开始去倾听孩子生活上所发生的事吧！

亲情不该有隔夜仇

一位忧心忡忡的妈妈向我求救:"倪老师,怎么办?我儿子小光每天都带着刀子,一直说要杀死他爸爸。"

如果这位爸爸是妻子口中的"好丈夫",他怎么会是个让儿子如此憎恨的父亲?我请这位妈妈邀他先生一起来。

原来,小光在初二那年,有一次晚自习后,回家时正下着大雨;由于视线模糊,他骑了别人的脚踏车回家,结果被以现行犯逮捕。

爸爸接到警局打来的电话,又急又气;就把绑家犬的铁链解下,带着铁链直奔警局。他在警局大声对自己儿子喝斥:"你真是不要脸,竟然敢偷东西!"骂声中还夹杂着脏话。

他把那条狗链直接套在儿子的脖子上,一路拖着他回家!

从此之后,儿子性格大变,不断与他恶言相向,并且刀不离身。

我对这位爸爸说:"您真的伤害了您的儿子。一个每天带着刀子的人,他是多么没有安全感、多么害怕呢!"

"您是不是应该向他道歉?"我问这位父亲。

"为什么要我道歉?"爸爸生气地说,"我们的父母以前也是这样打我们、骂我们,他们也从来没有道歉过呀!我们现在为什么要跟孩子道歉?"

我转头问妈妈:"您儿子喜欢什么呢?"

成为孩子的伯乐

妈妈说:"他喜欢音乐,每天都在房间里将音乐开得很大声,还一直说想去学吉他。"

爸爸说:"功课都最后一名,还学什么吉他?"

我笑着说:"没学吉他也是最后一名呀!你们应该让他去学的!"

妈妈也说:"他功课这么差,还让他学,行吗?"

我又问:"那您儿子有没有偶像呢?"

妈妈说:"有,他最喜欢孙燕姿!"

我告诉爸爸:"买张孙燕姿演唱会门票给他,好不好?"

爸爸说:"那很贵耶!一张票好像要两三千元(新台币)。"

我说:"爸爸,你愿不愿意用三千元换回孩子的心呢?"

夫妻俩都沉默不语。

几个月之后,小光妈妈来找我,分享了这个故事的结局。

爸爸真的去排队买了演唱会门票,放在孩子桌上说:"拿去啦!"

小光看到门票时,瞠目结舌地说:"爸……这是……"

"孙燕姿演唱会门票啊!去台北看吧!"

爸爸转身关上房门之前,轻轻地说:"还有,失礼啦(闽南语)!"

小光听到这句迟来的道歉,趴在桌上放声大哭……

过了几天,小光竟然也用自己的零用钱买了一张演唱会门票放在桌上给爸爸。

小光对爸爸说:"爸爸,我们一起去台北看!"

看完演唱会之后,小光安下心来读书,成绩突飞猛进,也顺利考取高中。

心灵画圈圈

　　人与人之间情感的可贵，不在感情最好时能有多好，而是在最不好时，是否仍坚持着不愿破碎的心意。尤其是，跟最亲爱的家人之间若有了裂缝，穷尽一生也值得我们用心去修补；因为，人生没有回头路，亲情也不应该有隔夜仇呀！

心灵打勾勾

　　一、照相簿：照片记录了美好的永恒片刻，请打开和家人一起拍的旧照片，看看里面记录了哪些美好的事物呢？

　　二、张开发现美的眼睛：当美好被召唤起来时，眼睛所见都是美好事物。

成为孩子的伯乐

那个"最后一名"的孩子

"老师再见!"

"路上小心啊!"

下课钟声一响,好几个小男生便迫不及待地背起书包往外冲,桌子椅子被撞得歪歪斜斜,小女生们也晃着便当袋跟我说Bye-Bye,只有子豪静静地坐在位子上偷偷抬头看我,却不敢吭声。

他是班上最后一名的学生,我望着他的成绩单时发了呆——该如何对他说"加油"呢?每次补考总有他的名字,总是在放学后被我留下来"强迫复习",成绩却仍然没起色。子豪的妈妈和往常一样,和气地站在门外等他;没有愠色,只是耐心等着。

"子豪,今天复习到这里,你可以回家了。"我拍拍他的肩膀。

他很快地收好考卷冲到妈妈身旁。

"加油,好孩子。"妈妈满脸微笑,向我点头致意,也给子豪最温柔的鼓励。

我愣住了,心想:"如果子豪是我的孩子,我能不能跟他母亲一样,笑得如此自在?最后一名的孩子,他的人生从挫折开始,是否能安然抵达成功的彼岸呢?"

卷一 开心门 观自在

这是二十年前的故事了,子豪仍是我偶尔会想起的学生;如果再次遇见他,他会对我说什么呢?

当你想起谁,命运似乎就会安排两人再次相遇;我在全民大讲堂的演讲现场,再度看见二十年前那个让我担心不已的男孩。

和小时候一样,子豪依然很害羞,低着头走进会场,有点脸红地探了我一眼,默默坐下,没有太招摇的姿态。录影结束后,我与几位以前的学生一起吃饭,子豪也是其中之一;不过,他没说太多话。

"唉,他应该不知道我很挂心他过得好不好吧?"正当我心中如此想着时,子豪很诚恳地对我说:"老师,今天我送您回家吧!"

"老师,我已经从北科大研究所毕业,现在是鸿海的工程师啊!"在车上,子豪的声音显得有些兴奋,一脸自信,让我有些惊讶。那位总被我留下来补考的小男生,一转眼不仅完成了研究所学业,而且还有了个人人称羡的工作。他看到我的表情,笑得腼腆:"我小时候都考最后一名,您大概没想到我会读到研究所吧!"

其实,子豪升上初中之后,成绩依然很差,总是被分到所谓的放牛班,所以高中联考当然也没考好,念了别人眼中较不出色的私立高职。高职毕业后,爸爸对他说:"再加油一点,去考个二技(二年制技术学院)好吗?"

他便勉强去念了二技。

成为孩子的伯乐

二技毕业后,爸爸又说:"再努力一点,你也许可以念大学啊!"

子豪半信半疑,但爸爸可不放弃。为了鼓励儿子,他自己先去报考台湾中山大学的EMBA,很努力地读书。

"我都四十多岁了还想读书,想读我梦想中的学校——中山大学;你比爸爸年轻,一定也能考上国立的科技大学!"爸爸透出的那份信心,感动了子豪。于是,父子俩每天都到图书馆苦读,想把过去荒废的时光都补回来。

冲冲冲……

那个"最后一名"的孩子终于考上了台北科技大学研究所,而且研究所一毕业就考进了鸿海集团。

听到子豪如此得意地述说自己的奋斗过程,我的心里涌上万千感触,也赞叹他的父母如此包容与耐心地等待与陪伴孩子!人生真是一条好长的路!父母师长都希望孩子要赢在起跑点上;但是,如果一开始冲太快,体力不济了怎么办?是不是就代表没有终点了?如果起跑时输给别人,是不是应该给孩子更多鼓励和赞美,陪伴他们勇敢坚定地跑下去呢?

子豪看着我,似乎读出了我内心的挂念。他一脸成熟的模样,认真地说:"老师,您知道吗?找工作时,人家看重的是最后毕业的那个学校,从前的那些学历也就不重要了。"

我看着子豪,心中无限感动;虽说是"晚成"了些,但终究还是"成"了!

心灵画圈圈

　　人的生命历程正是一场马拉松，大部分时间总是一个人孤独地跑着；在体力不济时，若有人陪伴，便能产生坚持到终点的力量。这样的陪伴不需要言语，只要靠近，被支持的感动便可以传递过去。

心灵打勾勾

　　一、心灵加油站：一起去慢跑，在双腿酸软及气喘吁吁后，感受有人为你递水、送毛巾擦汗的感动。

　　二、心灵啦啦队：一起来读书，说出你会的或不会的，让大家一起来七嘴八舌动脑。

　　三、心灵打气工：看见有人心情低落吗，有人垂头丧气吗？传个纸条为他打气吧！

成为孩子的伯乐

要做永远的第一？

小时候的我,平凡而不起眼,从来没有拿过一张奖状,我好羡慕班上那些风云人物;因此,当我的女儿从一年级开始不断得奖,着实满足了我的虚荣心。

刚开始时,对于女儿的优异表现,我满心欢喜;渐渐地,在她得了好多个第一之后,我觉得她得第一是应该的,也开始对她做出不该有的要求——我要她做永远的第一!

在她升上初中后,过多的补习、功课,终于使她崩溃了!

起初,她只是变得懒散、不爱干净,任凭我三催四请,她仍然无动于衷!不刷牙,不洗脸,整天躺在床上发呆;问她功课写了没,她总是说:"写完了!"或者是:"没功课!"

考卷发下来了,她的成绩一落千丈;我气急败坏地大骂,她竟冷冷地回答我:"某某同学才考二十分,我五十几已经不错了。"

从前的她是向上比,现在的她总是向下比而且不在乎。

在震怒之下我动了手,用衣架打得她皮开肉绽,她不禁大声叫饶:"妈!别打了!我快要被你打死了!"这时我才惊醒过来。一看,钟爱的女儿早在我的暴怒下伤痕累累……

放下衣架,我将她搂入怀中,两人都哭了。在泪光中,我想起从前……

卷一 开心门 观自在

女儿还是小不点时，托保姆照顾；下班后，因为舍不得让她坐摩托车吹风，我就抱着她，直接从保姆家坐出租车回家。那时，我和她爸爸总是迫不及待地抢着抱她、亲她，还亲到她两颊红肿。这样被珍爱的孩子，怎么会随着时光的流逝而走样呢？是不是我们的教育方法出了问题？

是的，好久没和她谈心了！长久以来，我和她爸爸在吃过晚饭以后，饭碗一收，两人就埋入报纸中、连续剧里，然后轮流高声地叫喊着："快写功课！快读书！快洗澡……"

"快快快"的催促，使她变得更加不快；一切责骂，使她变得更懒散。当时的我们，几乎忘了她还是个孩子啊！而孩子是需要被爱的。

当我在讲台上分享这段经历时，台下的妈妈们频频拭泪，一位妈妈更大声哭了出来。她说，她也有一个从小到大五育*均优、让全家引以为傲的天才孩子，她也不负众望地考上了初中资优班。

第一次月考后，小学时总是第一名的她，却只考了第三名。爸爸看到她的成绩，破口大骂。她沉默地快步回房，重重地摔上房门……

第二次月考，她退步到第十三名；爸爸更生气了，说了重话："考这样的成绩，你还敢回家啊？"她更沉默了。

第三次月考，班上三十三个资优生，她是三十二名。爸爸

---

* 五育：台湾地区对学生的五项要求：德、智、体、群、美。——编者注

把成绩单丢在她的脸上,忍无可忍地对她说:"你给我死出去!"

她真的"死出去"了!没有回家……

一家人发疯似地找她,登报、上网、报警……最后是警察局通知他们孩子的下落:她在西门町当雏妓被逮到;因为未成年,所以将被送到教养院接受感化教育……

说到这里,这位妈妈早已泣不成声,我上前拥抱了她。她也勇敢地大声发愿:

要用真心真爱把她失足的女儿重新爱回来!

大家给了她如雷般的掌声……

"第一",不需要永远,它是可遇而不可求的;让孩子放松心情,顺乎自然、单纯自在地学习,比什么都重要。别让深爱彼此的父母及子女,在失控的关爱中窒息了。

心灵打勾勾

一、爱的密码:"爱"的表现方式有很多种,也会因人而异;请试着解读父母、老师、兄弟姊妹及朋友间的"爱的密码"。

二、延伸密码:阅读一本可爱又甜蜜的小书《猜猜我有多爱你》(台湾上谊文化出版),一起来比一比"我有多爱你"!

成为孩子的伯乐

一样关心两样情

某个星期四下午,我应邀到桃园的一所初中演讲,主题是教师的情绪管理,对象全部都是数学老师。

从小我的数学就不好,大学联考数学才考二十三分。记得高中时每次月考完、数学老师发考卷时,我的考卷总是被老师狠狠地丢在地上;我常常是一边哭,一边订正着考卷……往事历历,我真的没有勇气去面对这么多数学老师。

喜欢数学的女儿曾跟我提起一位她最难忘的数学老师。那位数学老师总是微笑着走进教室,先轻声细语地和大家打招呼:"亲爱的好孩子,大家早安。"然后开始他数学解题的艺术之旅。

老师解题很慢,每一道数学题都是用粉笔和尺清楚而工整地条列出解析方式。他要大家别急着抄答案,先用心看老师如何解析。

看着老师那认真、用心的表情,女儿觉得好感动,自然而然兴起喜欢学习的心。那一年跟着老师学习数学,让她学会了做事的方法与认真的态度。

这位老师的用心,让学生受用不尽。

儿子初中的数学老师刚好相反;他喜欢和学生开玩笑,还喜欢为学生取绰号,以为这样子能和学生们打成一片。

儿子的两眼之间有一颗大痣,因此他最先成为老师取绰号

的对象。

"那位脸上长痣的!对!就是你!以后就叫你'一点观音'!现在上来做这一道题目。"

全班听了哄堂大笑,儿子却一脸错愕,心里十分不舒服;但是,因为不想和老师起冲突,就一直忍耐着。

除了儿子,班上其他同学也被一一取了绰号。有一位家里开糕饼店的同学,被叫做"月饼";名字里有"凯"字的,就被叫"凯子"……还有其他许许多多的绰号。

从此以后,数学就变成儿子最讨厌的科目。每次上课,儿子总会很紧张,担心自己最讨厌的绰号会被叫到;不幸的是,老师每次上课一定会点他上去做题目。因为他的数学成绩不算顶好,老师可能是想给他多一点练习的机会,才会每次都点他;但是,每一次上台对儿子来说就像是一场噩梦、一场煎熬。

"一点观音!上来解题!"每次老师一说完,同学们的嘲笑声就轰然响起。

儿子一天一天地忍耐,也渐渐地忍耐到了极限……

更让儿子厌恶的是,每次考完试,老师对那些考得不好的学生,都会用极粗鄙的话来辱骂他们:"这么简单你也不会?你是头壳装屎吗?""这题连小学生都会,你是白痴吗?""智障!就是有你们这群啦啦队,我们班数学成绩才会一直没起色!"许多同学听了敢怒不敢言,心里都十分痛苦,但又不敢说。

儿子常常在半夜哭泣,抱怨老师为什么要这样对待他们。他一天比一天讨厌数学,心里的积怨也日益加深。

成为孩子的伯乐

有一次期中考后,儿子的成绩十分不理想;因为,这段日子以来他再也无法好好听课,更无法喜欢数学,于是一直逃避着。那次考试成绩出来,成了全班最低分。

"一点观音!又是你!你回家到底有没有做题目?你是头壳坏了吗?"

忍耐到极限的儿子突然爆出了:"我不叫'一点观音'!讲话放尊重一点!"

"你这是什么态度?我要打电话请你妈来!看看她的小孩是怎么跟老师讲话的!"

儿子反驳:"来啊!我妈妈也不爽你很久了!要来讲就来啊!去打电话啊!"

老师气炸了,叫全班自习后就回办公室了。

儿子班上的同学都吓坏了!有的男生起哄说,数学课的"正义"以后就靠他来维护了;一些女生和数学小老师则烦恼着要不要去请老师回来上课。

就这样等到了下课,班主任把儿子叫出去训了一顿。回家后他告诉我,他被记了小过,但只是存记,如果再违规一次就要送出。我没有多加责备而是安慰他,并教他写一封道歉信给老师,儿子点头同意;我要他隔天放在数学老师桌上,是否接受就看老师了。

接下来两个礼拜,老师天天都不上课,只有发卷子叫同学们自习;后来,儿子的班主任打电话给我,我才知道,数学老师那天竟然被气到差点心肌梗塞!心血管不好的数学老师,被

这样一气竟没有力气上课了，只好一直发考卷给学生们写。

数学老师和儿子班上同学的关系后来一直没有改善，但老师从此不再叫同学绰号，也不叫同学上台了；这对儿子来说算是好事，因为他不用再战战兢兢地上课，怕被叫绰号外加上台解题。

初中毕业后，我问儿子，是不是有更好的解决方法，可以避免发生这样的事情？

他告诉我，他可以在一开始不舒服的时候，私底下偷偷跟老师讲；只要有诚意的话，相信老师也会有所改变的。事情演变成双方都不让步，甚至撕破脸的局面，使全班上课的气氛降到冰点，这样真不好啊！

现在，儿子虽然已经读大学了，但还是很怕数学；高中的时候，数学也是他的弱项。

这位老师的轻忽，让孩子遗憾受苦终生。

心灵画圈圈

当孩子学不好一门功课时，我们是否可以去了解背后的原因，然后耐着性子帮助他们？两个数学老师，一位将数学化为孩子生命中的艺术欣赏，另一位则让数学课成了残酷舞台，令孩子竞相走避。两位都是认真的老师，是态度形成了不同的效应。

口说好话，如莲花吐芬芳；口出恶语，如利刃会伤人。好心要用好话说出来。帮人取绰号也要小心，别以为只是玩笑话；有时说者无心，听者有意，你的无心话可能是他心中的至痛。别让玩笑话伤人而不自知。

孩子进入学校教育时，老师就成为他们的典范，一举一动或一言一语会自然地刻入孩子的记忆中，在日后发酵……老师的教学、对学生所说的每一句话，都能深深影响每位学生的人生。身为老师者能不小心警惕吗？

心灵打勾勾

一、Yes or No：讨论喜欢与讨厌的科目，列出原因，小组分享讨论结果；之后，由老师引导、分析。

二、上面的活动是一种反省与重新定位，会让孩子看见每个科目不同的学习状态，心中自然产生调整机制；老师也能够借此了解，喜欢或讨厌的背后原来还有这么多故事。

没关系,慢慢练习就会很好

英文和数学往往是许多学生最害怕又是成绩最差的科目。在研习会场上,淑如老师分享了她学习英文的快乐历程!

她说自己最难忘读高职(即高等职业学校)时的英文老师,这位老师改变了她的一生!

读高职的孩子,英数成绩通常并不是很好,喜欢英文的更是寥寥可数!但是,自从李老师教她们英文之后,她们全班都开始热爱起英文。

"李老师教英文的方法很不一样,她常带着她自己订的英文邮报到学校,朗读邮报中的好文章给我们听,并把朗读过的文章影印给我们,让我们自行阅读。

"她让我们自己把不懂的英文单词剪下来贴在用图画纸做的小卡片上,一张张的小卡片就是我们自己要学习的单词卡,自己背诵自己的小卡片并练习自己造句;因为每一个人不会的单词不同,剪的单词因此也都不同。

"每当考试时,她就考我们自己做的英文卡片,从中随机抽考;即使我们回答不出来,她也总是微笑着说:'没关系,慢慢练习就会很好。'

"就这样,班上的英文成绩大大提高;也因为有这么与众不同的老师,我不再害怕英文,后来更考上了师大英文系,并当

成为孩子的伯乐

了英文老师!"

她说,她实在很感谢这位始终带着迷人微笑、说着"没关系,慢慢练习就会很好!"的李老师。

淑如老师现在上英文课时,也像李老师一样带着一份英文报纸,和资源班*的孩子们展开快乐的卡片探险之旅,然后告诉孩子们:"没关系,慢慢练习就会很好!"

---

* 资源班:台湾学校中,为在学习上、适应上有明显困难而需要特殊教育服务的学生而设置的一种校园组织。——编者注

心灵画圈圈

证严法师说过:"老师们,当你走到教室时,不要马上冲进教室骂人;先站在班级牌前,心里默念三声'绵羊、绵羊、绵羊'再进教室。"听完师父的话,大伙儿哄堂大笑!原来,师父是要我们学习做一个会笑的快乐老师。

当我们用含笑的眼、含笑的脸面对孩子们,就像是发现路边一朵朵美丽的小花;只要一笑,春天就来了。

笑,能让自身处在一种很深的静心状态中,思想和烦恼将会全部消失!不论是谁在身边,都会有"如沐春风、和风煦煦"的舒畅与自在,大家都会喜欢你。

心灵打勾勾

一、太阳能:出去晒晒太阳,把幽暗的心晒一晒,储备正向能量!

二、向日葵:想象自己是吸收饱满阳光的向日葵,散发光芒,以灿烂笑容搜集他人的笑容,一个笑容可以换一个星期的太阳能啊!

成为孩子的伯乐

做孩子的朋友

曾经到美国留学、后来在初中教美术的凤美老师,在一次教师研习会场中,分享了她在美国念书时的故事。

凤美大学美术系毕业后,只身到美国的西部大学攻读硕士学位。班上的同学个个都是艺术的高手,第一次上绘画课时,她觉得被彻底打败了!因为,凤美发现其他同学的作品都比自己有创意、有深度太多了!她自卑地盖上颜料盒,想就此打包行李回国。

生命中美丽的相遇在此时出现了——教绘画的詹姆斯老师在凤美心情低落时,走到她身边,温柔地拍了拍她的肩说:"Good job!"这温柔的拍肩,让凤美留了下来。

第二次上绘画课时,凤美木然地坐在座位上,不敢提笔。老师走到身边,问她为什么不画呢?凤美羞涩地轻声告诉老师:"老师,我不会画,画得很不好……"老师又拍了拍她的肩膀,笑笑说:"多练习就好,不要急。"于是,凤美鼓起勇气完成了作品。

班上同学完成作品后,老师会进行讲评;但并没有公开作品评分,只是将作品一一挂出来,针对每一幅作品的优缺点给予建议与指导。

台湾的教育总是比较在意成绩的高低,往往也无情地评定

了一个人的高低。在美国，老师则是朋友，只给建议，学生并不会像在台湾那般受到分数的制约。就这样，凤美欢喜地修完艺术课程。

当凤美即将完成学位的那年暑假，詹姆斯老师突然因车祸往生，她痛苦了好长一段时间，在学校时也不敢经过老师的办公室。回国后，凤美常常想起老师说的那句话："多练习就好，不要急。"

凤美在初中教美术，同事们常喜欢借课来给学生考试，她都予以婉拒。她认为，在这个升学主义挂帅的环境下，孩子们每天面对的就是考不完的试，美术课是他们最能放松心情的时光，不该再被考试剥夺。碰到不会画画的孩子，凤美也总用詹姆斯老师的话告诉学生："不要急，多练习就好。"

画完后，所有孩子的作品都能贴在墙上，就像詹姆斯老师当年把凤美作品挂在墙上一样……

心灵画圈圈

技能的学习很容易,难的是超越技能的心灵涵养;如果技能有"心",就能让习来的技能成为传递美好的因子,也能让这项技能成为生命中最重要的陪伴。学习,欲速则不达,不如慢一点,多练习……

心灵打勾勾

孵豆芽:种子要长成一棵大树,并不会像杰克的魔豆那般一夜长成;我们需要在对的季节播种后,细心照料,等待种子慢慢长成一棵树。让我们从播撒种子开始栽种一棵植物,体验"缓慢"的美好结果吧!

爱睡觉的学生

九二一大地震后,我晚上在社区大学开了一门心灵导读的课,来上课的都是社会人士和家庭主妇。每次上正课前,我都会先放一段可以让大家放松心情的轻音乐,随着音乐和学生们一起闭眼静坐;在静坐的时间里大家可以沉淀心情,并放下世俗的烦恼忧愁,等身心舒坦后才开始今天的心灵课程。

在音乐声中安心入眠

有一个学生,每当音乐开始播放,她就开始呼呼大睡,之后进入正式课程,就不时传来她熟睡的鼾声,隔壁的同学到下课时才叫醒她。离开的时候,她总会欢喜地对我说:"谢谢老师!"容光焕发地和我说再见。

刚开始,我以为是因为工作很累的关系,所以课程的前一两周没刻意叫醒她,就让她好好睡觉。之后,她仍旧睡得自在;虽然有好几次想要提醒她,但想到她已经是个成人了,又睡得如此香甜,只好作罢。

每当课程进行分享时间,轮到她时,她总是腼腆地说:"不好意思,我都没有好好听老师上课,不知道要分享些什么。"

一学期就这样迷迷糊糊地结束了。过了个暑假,新学期开始报名时她居然是第一个来的!我心想,怎么会有这么一个古

怪的学生，上我的课时一直在睡觉，现在竟然第一个来报名。

开学后，一如往常，她又在音乐开始时便呼呼大睡，同学们也见怪不怪了；但是，大家都纳闷，她到底是为了什么来上这门课的？

学期结束前，学生们举办谢师宴，也分享彼此这一年来的学习心得；没想到，她竟然第一个举手。她面露惊恐，哀伤地说着自己的故事："一年来，感谢大家的陪伴，让我走出大地震的阴霾。地震后，我的家倒了，家人都往生了，只有我幸免于难。尽管家园已经重建，但夜晚时总会想起当晚触目惊心的场景和罹难亲人的面孔，直到深夜我仍无法入眠；报名参加这门课后，因为有老师和同学的陪伴，我可以很安心地在教室里睡觉。感谢老师和同学们这段时间没有人叫醒我或责备我，真的很感谢！"

原来，上这门课可以让她暂时放下伤痛、忘却痛苦；听着轻柔的音乐和老师的声音，让她可以很安心地入睡。后来，我将教室里的静坐音乐送给她；尽管课程已结束，但只要她播放这首音乐，就好像仍然和大家上课一样。就这样，她慢慢走出了失眠忧郁的痛苦。

在国文课沉沉睡去

雅玲的家境不是很好，只能半工半读地求学；家里也希望她能习得一技之长，以后能找份好工作。所以，她高中时读的是一所私立的夜间部高职，主修会计。

高职的国文老师说话声音沙哑，语调低沉；每当雅玲打完工赶到学校，一上到他的国文课，老师才刚说"各位同学打开课本第……"，话还没说完，雅玲就已经进入梦乡了。就这样，雅玲睡了一学期，老师也从来没有叫醒她。

下学期，这位国文老师接任班主任；一开学，班上要选拔同学代表学校参加全市的演讲比赛，老师指定雅玲参加。她吓坏了，惊慌地说："我国语说得不标准，作文也不好，要怎么参加比赛呢？"老师笑眯眯地对她说没关系，要她下课后到办公室。老师从国文课本开始，一句句地教她如何朗读，如何演讲，包括演讲时的语气技巧、讲稿的写法以及如何上台，还有姿势等细节，都一一指导。

在老师的殷殷教导下，雅玲的国文有了长足的进步！比赛成绩公布了，她获得了全市高中、高职演讲比赛第三名！雅玲说："这次比赛是我生命中的一大转机。我本来只是一个高职生，只想靠一技之长养家糊口；但是，这位国文老师改变了我，让我找到了生命的目标。"

雅玲后来考上了大学的国文系，毕业后也顺利成为高中国文老师。

心灵画圈圈

如果热忱在、关爱在，我们一定会看见学生沉睡的原因；当教室里有人沉沉睡去时，一定有个故事等着你去阅读。因为，我们都知道，学生爱睡觉不等于不爱学习、不爱听课；也许，学生只是在等待着被发掘、被琢磨。只要肯细心去了解学生、关怀学生，爱睡觉的学生也是可以看见蓝天的！你看见了他，就不会舍离他，而且还会读到很特别的故事。

心灵打勾勾

教室是学习的地方；如果有人不小心在教室睡着了，那一定有段故事……让我们一起来找出爱睡觉的故事吧！

一、同学们都有些困了：说一说为什么你在上课时睡着了？

二、家人睡着了：孩子准备功课，却在书桌上趴睡；爸爸回家一坐上沙发就打瞌睡；妈妈常说她睡眠不足……请设身处地地关心他，想一想他为什么想睡或睡着了？

三、阅读《讨厌黑夜的席奶奶》（台湾远流出版），说说为什么席奶奶总在白天沉沉睡去。

一片叶子落下来

人死后会到哪里去呢？

九二一地震时，玉麟的阿妈因为跑不快而受困在家里，亲人赶回来搭救，却因此往生了；阿妈一直很自责，认为是自己害了他们。因此，从地震后她就不敢待在房子里，常常拎个板凳呆坐在门口，深怕地震再来时，又要害家人来救她……

就在一个月后，嘉义发生六点四级地震，地面突然摇动起来，正坐在门口的阿妈吓得站起来，张大了口，"啊"了半声就往生了。

生命如四季，自然生生不息

一瞬间，生命就这样莫名地逝去，在小朋友心中留下了深深的印记——生命何等脆弱啊！玉麟对生命产生了疑惑。他来到学校问我：人死后会到哪里去呢？

我读绘本《一片叶子落下来》给孩子们听：

> 生命就像一片叶子，它经历季节变化，在冬天受到冷风的吹袭，掉落在雪地而死亡；到了春天，它与雪水一起融入土中，反而变成孕育树木的力量。而它也可以告诉我们生命的目的在哪里，叶子生命的目的就是给人遮阴，让

小朋友们在树下玩耍嬉戏。所以,生死是自然的事,我们不必害怕,生命会再重来的……

孩子们听着听着,不自禁地流下了眼泪……

我又告诉孩子们:面对不知道的事时,我们会害怕是很自然的;但是,我们可以学习这片叶子,体会给人遮阴,体验太阳、星星、月亮,体验整个生命过程,它的生命就很足够了。

听到这里,玉麟的眼眶里溢满了晶莹的泪水,他点了点头说:"嗯,老师我知道了。我的阿妈就像枯黄的叶子,而我就像是初生的嫩芽,我要好好地活下去!"

那一阵子我参与了大爱村每月举办一次的静思读书会。有一回,我们就以《一片叶子落下来》作为阅读讨论的课题。会后,一位妈妈走过来跟我说:"倪老师,谢谢您!我想,今天是我先生要我来听您说故事的;我先生就是那一片叶子,在他人生最后的时候还能贡献。我觉得,这就是他生命的目的。"

原来,她的丈夫在地震后不久因车祸往生;她心想,该帮先生做一点事,就替他捐了大体。虽是如此,其实心里还是很舍不得;因为,这个决定不是她丈夫生前同意过的。但在听完了"一片落叶"的故事以后,她心中的牵挂都放下了。她相信,那是对先生最好的安排。

心安了,生命就有了方向

在地震过后一个月,南投县信义乡东埔小学邹校长邀请我

到部落去演讲,希望我能到山里帮老师们安心。那一次的研习主题是:"让心活起来!"因为,大家经历地震后,心情都非常沮丧,对生命更感到茫然。

"既然人都会死,那为什么要来这一遭?"老师们提出这样的疑问。

我跟大家分享:来到人世间,就是为了要来体验生命啊!我们一起来这里感觉春夏秋冬,感觉别人的善意,体会为孩子们付出的快乐!这就是我们来的原因。

会中,有许多老师被故事的情节感动得当场落泪。一位男老师散会时留下来,他握着我的手说:"倪老师,你可不可以给我一句好话来安我的心?"

他是一位年轻的老师,眼光中流露着不安和疑惧。他说,他不只是害怕地震;从毕业到现在,他就一直活在别人的眼光里,常觉得自己什么都做不好,生活好似没有目的,心里也一直不安。他觉得,自己的心都没法安下来,又如何去安小朋友的心呢?

我送给他我最喜欢的一句好话:宁静最美,心安最乐。

当我回到教室与班上的小朋友分享这一段故事,小朋友们纷纷告诉我:"老师,您可以告诉他:心中有爱就会人见人爱!"我后来持续与那位年轻老师通信,也把班上每一位小朋友写给他的一句好话寄给他;那位老师深受感动,还特地下山来看我班上的小朋友们。

相信他的心是安了,从此也有了生命的方向。

心灵画圈圈

爱,一直在,只是有时候会被遮蔽了;移动、疏通,他的光亮,自然引你看见。即使心停止跳动,鼻息也停止了;爱,也会成为养分,滋养他人生命。

心灵打勾勾

一、猜猜看我有多爱你:向你所爱的人说"我爱你",并诉说你们之间让你记忆深刻的故事。

二、爱的抱抱:跟你身边的人面对面,伸出双臂,大大地拥抱三十秒,并说出感谢的话。

一杯咖啡的启示

汉凯从小就是个完美主义者，很会读书、考试，更会讨好老师，他的求学过程也一帆风顺；直到他上研究所时遇到陈教授，一切才有了改变。

陈教授在第一堂课，便要研究生们先回家预习一个新单元，下周再一起分组讨论。

汉凯一个晚上彻夜未眠，上 google、上 wiki、上 yahoo 找资料，整整准备了三份研究报告，想给老师最好的第一印象。他心想："下个礼拜，我一定要让老师和同学们大吃一惊！"

很快地，在第二堂课的讨论时，汉凯滔滔不绝地和组员讲解他对这个单元的看法和解析，同学们个个听得目瞪口呆，大家瞪大眼睛问汉凯："你怎么这么厉害？老师还没上，你就已经懂这么多了！"

汉凯沉浸在满怀优越感的喜悦中。下课时，他喜滋滋地将书面报告呈给老师。没想到，老师看完他一叠厚厚的研究报告后，没有赞美他，只是淡淡地说："汉凯，下课后来研究室一下。"

他不知道自己做错了什么；这么努力地做报告，为什么只有他没得到老师的赞美呢？他看到有的同学根本没有准备、也没预习，报告乱做一通，全班只有他的报告做得这么好；结果，

成为孩子的伯乐

老师不但没有赞美,还以令人费解的眼神叫他到办公室。

到底是怎么一回事?下课后,他忐忑不安地走进老师的研究室,陈教授笑眯眯地对他说:"汉凯,来这儿坐一下。请你放轻松,先来喝一杯咖啡吧!"

老师转身慢慢地煮咖啡。咖啡煮好了,浓郁的香气弥漫在整个房间;汉凯想着,如此美味的咖啡是怎么冲泡出来的呢?老师这时说了:"汉凯啊!做学问就像煮咖啡一样,要慢慢地磨豆子、煮热水、虹吸,一步一步地慢慢来,如此才能酝酿出一杯香醇的咖啡。"喝完咖啡,老师便请他回教室上课。

一路上,他脑海一片空白;静下心来反复思考后,才明白老师的深意。

原来,自己向来总是为了迎合别人、企盼别人对自己的好评,而忘了自己才是自身生命的主体。

这是在与一群优秀的研究生替代役*的分享课程中,汉凯真情分享的故事,触动了我们心底的灵魂。那节课之后,好多个离岛服役的缺,大家争相前往。希望这份生命的热情,能因此扩散开来。

---

* 替代役:台湾地区实施的服役方式之一。——编者注

心灵画圈圈

放轻松、自由自在地当下学习,比拼命去做报告、考试拿满分,或是努力讨好老师更重要!人生不应只有课业的竞争,还有许多比课业更重要的东西可以去体会与实践!汲汲于竞争与比较,反而会无视身边许多宝贵的风景。

心灵打勾勾

一、泡茶:准备一只可以泡热茶的茶壶或茶杯、几片茶叶、热开水,自己好好冲一杯茶,慢慢品尝。

二、喝茶:自己一步、一步地亲手泡,品茶就成为一种美好;随手开饮罐装茶品,会让我们习惯于快速解渴,却不在意品茗的真滋味。动手泡茶,找回生命的初衷吧!

成为孩子的伯乐

不放弃孩子

我很喜欢参与社区的亲子成长教室,因为常可以听到许多没有上班的妈妈们说起她们可爱的故事。

美秀妈妈勇敢地分享了她的故事。

她从小就是一个很叛逆的孩子,喜欢跟父母唱反调,在学校顶撞老师;老师如果处罚她,下课后她又会去跟同学打架,可说是班上的大姐大。

四年级时换了班主任,是一位美丽又温柔的林老师。林老师上课时说话都是轻声细语的,同学们都很喜欢她,美秀也喜欢老师;但是,美秀的恶形恶状依旧如故,天天打架,不写功课。林老师常摸摸她的头,好言好语地劝告她。

到了四年级下学期要结束时,老师说:"大家接着要升上五年级了,学校也希望老师继续当五年级的班主任;但是,因为五年级要重新编班,所以大概只有几位同学能在新班和老师相遇了。"此话一出,全班哭喊着:"老师!选我!选我到新班!选我到新班!"

美秀此时也举起了手,但她又将手缓缓放下,心想:"老师怎么可能会选我?我这么坏,这么不听话。"

"但是,我好希望老师选我啊!"美秀在心里大声祈求着。

好不容易过完了暑假,开学的那一天,五年级的所有同学

都兴奋地站在走廊的布告栏前看着最新的编班名单,只有美秀忐忑不安地站在人群后面。她心想:"我会被编在哪一班呢?不知道新的老师会是哪一位,会像林老师一样温柔和蔼吗?"

一班接着一班,她找遍了每一班的名单都找不到自己的名字。最后,赫然在最后一班、也就是林老师班上的名单中看到了自己的名字,她顿时泪流满面……

"好感恩林老师,老师没有放弃我!她没有因为我的不好而放弃我!"

美秀欢喜地排队,等待着林老师;看着老师笑眯眯地走过来,欢欢喜喜地领着大家到她的新班!

从那个时候起,美秀彻底地改变了!因为感念林老师没有放弃一个人见人厌的坏孩子,她决心变成一个喜欢学习、人见人爱的好孩子。

美秀现在是个好妈妈,也当了读经班的志工妈妈;她说,要把对林老师的这份感谢、这份爱散播到每个读经班的孩子心中。

当美秀在所有家长面前谈到这段往事时,忍不住泪水,嚎啕大哭起来。她一直说:"好感谢林老师!我终于知道,只要老师不要放弃孩子,在孩子心中会多么感动与温暖啊!"

然而,她却不知道,一般学校编班是以电脑进行,老师们是不能自己挑选学生的。但是,这又何妨?希望她与林老师的这份美丽回忆能永远陪伴着她……

心灵画圈圈

不论在哪一个生命阶段,支持与陪伴都是我们所需要的;即使处于荒岛,若能有美好的记忆陪伴与支持,终将勇气十足地离开荒岛,划向生命的美好初衷。永不放弃,之于他人的陪伴或是自我的支持,都是最不可"放弃"的勇气。

心灵打勾勾

一、荒岛漂流:汤姆·汉克斯(Tom Hanks)主演的电影《浩劫重生》(*Cast Away*,又译《荒岛余生》)描述,主角因为空难而漂流到一座无人岛;一颗被主角命名为"威尔斯"的排球,支持他度过荒岛的日子。不妨想想:如果处在荒岛,支持你"永不放弃"的会是哪一段美好记忆?

二、再一次阅读与记忆海伦·凯勒与老师沙利文这对师生之间的美好故事。

卷一 开心门 观自在

点拨孩子展现才艺

有一次到偏远的海边小学去演讲,年轻帅气的家声主任到车站来接我,他说话的声音非常好听。

从谈话中得知主任是学声乐的;一般来说,男生学声乐的人很少,我好奇他的父母是如何培养他学声乐的?因为,学音乐通常养成的时间较长,费用也很惊人。

我问:"您是哪里人?"

"我是土生土长的当地人。"

"父母从事哪一行?"

主任说:"我的父母是农夫。"

我很讶异,居住在偏僻海边的农夫怎么能负担这样庞大的学习开销,并且栽培出这么杰出的孩子?

主任说,他能够有今天,都要感谢他小学时的林悦月老师。林老师是他读一年级时的班主任,很会弹风琴;上音乐课时,老师喜欢一面弹风琴,一面教大家唱好听的儿歌。

一年级的他很顽皮,常在下课时玩得精疲力竭,回到教室就趴在桌上,像一条虫似的。老师上课时,他不但没有听课,还一直想着下课要去哪边玩,要玩些什么。

有一次,老师上课上到一半时,突然叫他站起来唱刚刚才教的儿歌;他紧张地拿起音乐课本,把一首可爱的《蝴蝶》用

"朗读"的方式唱完。唱完之后，全班都哄堂大笑；但林老师没有骂他，反而笑着叫他："家声，你来老师身边。"

接着，老师叫班长出来唱；班长的歌声悦耳，随着老师流畅的风琴伴奏，唱完了好听的《蝴蝶》，全班报以热烈掌声。听班长唱歌，他突然领悟到："原来，唱歌要这样唱。"

班长回座后，老师对他说："家声，现在换你再唱一次给老师听。"他知道该怎么唱歌了，这次便用心地重唱一次。

唱完后，老师笑眯眯地对他说："家声，你唱得很好！唱歌就是要这样唱！"

学校开家长会时，老师又请他在讲台上唱歌给全班的爸爸妈妈听，大家给了如雷掌声。从那天起，他发觉唱歌原来是这么令人快乐的事。

"今天我能走上学音乐的路，就是因为林老师告诉我唱歌的诀窍，又给了我展现自我的机会。"

我笑着问他说："你现在还跟林老师联络吗？"

他说："当然！从小到大，林老师一直是我的良师益友；他免费教我唱歌、学琴，一路上栽培我、帮助我。在参加师院音乐系的入学考试时，陪考的林老师比我还紧张。在师院毕业当完兵之后，我选择为我的家乡服务，希望能将喜欢音乐的种子继续撒播在我的家乡。"

"这一生，我好感谢林老师。"

心灵画圈圈

　　遇见让生命美好的人，是人生最大的福报；而这让我们生命美好的人，正是最伟大的园丁。在他播种之后，用心滋养，于是成就了美好的生命；被成就的我们在长成一棵大树后，我们传递美好，同样用心滋养美好。将美好传递下去，正是生命养成的最大意义。

心灵打勾勾

一、记忆中，你最想念的人是谁？写下这段美好的故事吧！

二、寻找让你生命美好的贵人，向他们说声感谢。

"话"解伤痛

别人轻轻的一句话,却重重压在心头,让她无比痛苦;但是,一句好话让她深思并下定决心——要超越别人浅薄的信口之言,并找回因一句话而迷失的自己……

每周三晚上,我在慈济大学社会教育推广中心为社区学员上心灵成长课程。我的学生中,有七八十岁的老人家,也有陪着妈妈来的可爱六岁孩童;偌大的教室,仿佛是一个温馨、幸福的大家族。这门课的内容,是阅读《静思语》及分享彼此的生命故事。当我们一起在静、思、聆听和分享的当下,仿佛看到一幕幕生命故事的生动影像;更重要的是,在当下学会用"心"感受彼此辽阔的心灵世界。

在主题为"难忘的一句话"的课程中,在幼儿园任教的琴,第一个勇敢地走向台前拿起麦克风,分享她从一句静思语"行忍辱的人,就是一个最坚强的人,任何事与人都击不倒他"中所感受到的巨大力量。

琴颤抖着说:"有一句话压在我心中好久了,它让我十分痛苦。"说着说着,她忍不住哭了起来。

原来,从新学期开始,琴被安排在校门口担任导护老师;她总是谨守本分,与往来的家长和孩子们笑眯眯地寒暄。有一天,一位家长开着高级轿车送孩子来上学,看见一直站在校门

口的琴，抛出一句玩笑话："张老师，我看你每天上、下课都站在这里，真像我家养的那条狗——哈利耶！"

此话一出，琴的笑容马上就冻结了。

"你好像是我家养的那条狗！"这句话一直萦绕心头，令琴痛苦不已。她甚至想："若不是为了一家人的生计，何苦要站在这里为五斗米折腰？"想到这里，她忍不住埋怨起赚钱不够多的老公……

此时，琴缓缓吸了一口气，慢慢地说："刚刚在冥想的时段中，那一幕又再度涌上心头；通过静思与反省，我试着静静聆听自己内在的声音。我想，我要超越那句浅薄的信口之言，找回动摇、迷失的自己，还要以更虔诚的'一念心'，用心地站在校门口礼敬每一位来来往往的'未来佛'！"

善哉斯言！我们含着泪给了琴如雷的掌声。

在回家途中，回味了琴那坦诚谦虚的心；这一夜，也让我们彼此在刺骨寒风中看到了无限光明！

心灵画圈圈

　　好话力量大；如果期待世界的真善美，就让自己成为用心说好话的撒种人。

　　心念决定心灵世界的广度；狭小的空间，容易使人以为天空是不明朗的。你愿意往前走、往高处走，视野会逐渐明朗；你也将明白，世界在自己的眼界中；你想世界有多大，世界就会那么大。

心灵打勾勾

　　一、请在同一角度的场景中，变化不同的高度站立观看，并记录你所观看的不同景致与天空的样子。

　　二、请在黑夜中走一段路，观看四周风景——你看见了什么？在白昼时再走同一段路，风景又是什么样貌？

　　三、同样的景色事物，会随着不同的条件变化而呈现多样性。如果心念坚定，每一种景致都是大智慧的学习啊！

卷一 开心门 观自在

用爱把恐惧变不见

九二一地震后,我寄居在四丙的教室里。

班上最顽皮的小丞发现了我的落脚处,除了广为通知同学外,每天清晨六点,便骑着单车来到学校探视。他手捧一碗排了很久的队伍才领到的热粥,轻轻放在教室门前的窗台上,还从远远的办公室前,看我开门了没,吃了没?

每天早上,我和我的孩子以感动与感恩的心,分享了这碗充满爱的早餐……

地震过后一阵子,妈妈从台北来电;她说,在电视上看到我和学生复课的情形令她安心多了。接着她告诉我:"你和学生怎么笑得那么大声?别忘了你现在在灾区,怎么能这样笑呢?"

我回忆起那天的情景——

劫后的第一天上课,大家好高兴!因为,全班三十五个孩子都回来了,大家七嘴八舌地谈论地震来袭时的情景。轻读孩子们的眼睛,发现他们仍有余悸与恐慌;我鼓励他们大声说出来分享,内容多是惊心动魄的历程,比如亲眼看见大楼在面前倒下……

爱逗笑的小丞说,他被震得弹跳起来,从床上晃到地下,仍继续睡到天亮!夸张的表情,逗得全班哄堂大笑!笑开了,恐惧好像就不见了。他继续告诉我们,他在地震中学会了珍

惜——珍惜生命，珍惜资源，尤其是了解了水的可贵。他说："现在的一桶水，我爸帮我妈洗，我妈帮我洗，我又帮我爸洗；一家人用一桶水，洗得好快乐、好舒服啊！"又是一阵大笑！

在笑声中，大家把心中想说的话写下来，将想画的景象画下来。

佳桦在画中告诉我们："在地震中，仍然要有一颗安定的心。"她说，地震发生的那一刻，心里觉得好可怕；这时，她想到了老师教过的好话："吸入心宁静，呼出口微笑；安住于现在，此刻多美妙！"反复念着这段话后，心就慢慢静下来，不再那么怕了！

小君说，这些日子来，她天天唱着"心愿"——

> 我有一个小小的心愿
> 我愿常常笑容满面
> 口说好话
> 心中想好念
> 手做好事
> 结善缘
> 我愿人人健康平安
> 相亲相爱
> 家庭温暖
> 我愿人人心手相连
> 社会祥和

天下无灾难

……

她还教帐篷区的小朋友比手语,好多小朋友的爸爸、妈妈也跟着一起学,大家都变成一家人了!

在孩子们的纯真话语中,我看到了爱与希望;有爱有希望,恐惧不复存在,怎能不笑开怀呢!

心灵画圈圈

　　爱,是面对困境时最大的勇气来源。面对孩子,若能同时拥抱爱与希望,便能克服恐惧,看见美好的未来,让人坚定地向前走。这样想来,怎么会让愁眉苦脸出现呢?

心灵打勾勾

　　一、许愿:每天浇灌植物时,对着花花草草许一个美好的愿望;每天看着植物一点一滴地成长,美好就一点一滴地靠近。

　　二、让爱传出去:让孩子给予困境中的孩子爱,可以写一篇文章或卡片,或是为他们种一棵许愿植物,让他们学习关爱这个世界。

卷二

创意魔法教室

有人说：
教育，就像是办一所快乐的学习天堂——
喜欢画画的，我们就给他一支彩笔；
喜欢飞翔的，我们就给他一双翅膀；
喜欢自然的，我们就给他一座森林；
喜欢想象的，我们就给他一片蔚蓝的天空……
教书十多年后，我才真正体会到——
有快乐的老师，才有快乐的学生！
我决定彻底改变自己！

成为孩子的伯乐

序 曲

快快开学吧!

假期值日,我一个人巡视着校园;一片静谧中,好似感觉到孩子们的笑声一阵阵传来。晨间的阳光洒落在教室;我打开门,光中的微尘化成许多彩色的笑脸。我拣了个小椅子坐下来,静静想念着我的孩子们——

真感念孩子们啊!天天都来学校,让我能看见他们,能够说好多话给我听,能让我帮他们剪剪小小的指甲……

剪指甲时,孩子说着爸爸带他去台北青年公园玩,树上有松鼠,松鼠会爬下来向她要水果吃的趣事……做错事的孩子也会在剪指甲时,一五一十地把"不小心"拿了人家东西的秘密告诉我,然后和我约法三章打勾勾,从此改过。

下课时,他们会来抱一下我的胖腰,拿一块抹布在我的桌上抹来抹去,邀我和他们一起赤足在教室里。上完主任的音乐课,他们也会改编歌词,围在我身边轻唱着:"一个圈,两个圈,吐出泡泡一圈圈;游过来,游过去,小小二丙好得意……""嘿!你们得意什么啊!""我们和老师妈妈您是一家人嘛!"

是嘛!一家人,现在这一家的人都到哪儿去了?

快快开学吧!

与孩子同游禅境

开学了！依照往例，大家要先为孩子做一段收心操；于是，一大早开始了冗长的训话，校长、训导主任、训育组长、生活辅导组长、总导护老师……一个个轮番上阵。

大太阳下，孩子们愁眉苦脸地被"收心"；但是，似乎"心"不会因为这样就被安顿好！

好不容易进了教室，我们静坐一会儿；在静默中，我说了一段禅的故事和孩子们分享。

> 从前有一位禅师，他临终时有许多弟子围绕在他身边，聆听他最后的教导。但是，禅师只是躺下来，安详地微笑，一句话都没说。有人心急地问："您即将辞世，有没有最后的遗言呢？"
>
> 禅师回答："听着……"那时，在屋顶上正好有两只松鼠跑来跑去，并且吱吱叫着。他说："多么美啊！"然后就圆寂了……
>
> 当他说"听着"的时候，有一段片刻是完全的宁静。

我说完了故事，班上的气氛也变得好静、好美，所有的"心"也全部被收回来了。我问孩子："这位禅师到底说了什么

成为孩子的伯乐

遗言呢?"

开骏回答说:"他说的是自然,一切都要顺乎自然;生死是自然,松鼠玩耍也是自然啊!"

崇伟接着说:"心中有美,死也不必怕啊!"

我常觉得,天底下最美的人莫过于儿童;生活里,我也常"以童为师"。他们的不造作、纯洁可爱,常让人生起好似置身花雨中的感动。

心灵画圈圈

能和孩子一起相视微笑、开怀大笑,实在是一种享受。当你在笑时,会处于很深的静心状态;此时,思想、烦恼全消失,到达"无念"的禅境,这真是绝美妙境啊!

心灵打勾勾

坐下来以孩子的高度与孩子交谈——

一、看到了孩子纯真的眼神,直接的反应是:"孩子,我欣赏你!"

二、跟他们说说话、聊聊天,容易产生亲密的心。孩子会感觉您是一位充满智慧的父母与师长。

成为孩子的伯乐

唱出感恩的心

身为老师是需要永远学习和反省的。

那一年,我第一次教一年级,很紧张,也很惶恐;但是,我想到一句好话:"欢欢喜喜也是一天,烦烦恼恼也是一天!"我就"勇于承担,乐于配合"了。

开学前一天,我拿到了新生资料,先翻阅后,就通过电话,告诉每一个小朋友的家长,他的孩子是编在哪个班级,并祝福他的孩子。因为,根据以往的经验,开学当天,许多新生的家长都会挤在教室门口寻找孩子的名字;孩子好紧张,爸爸、妈妈好辛苦。

我想到证严法师的期勉:要用父母的爱心对待学生;"做,就对了!"于是,我坚持打完三十二通电话才去睡觉。

没想到,开学日当天,教室里里外外还是挤满了阿公、阿妈、爸爸、妈妈;第一天上学的小朋友们,也在位子上吱吱喳喳地讲个不停。我从来没有这样被包围的经验,紧张极了!

我满头大汗地说出开场白:"亲爱的小朋友大家早安!今天第一天上学,大家都不认识,我们来自我介绍好吗?"

当我把麦克风交给小朋友时,接到的小朋友就大哭起来:"我不会!我不要读这一班,我要回家!"

其他的小朋友也跟着哭,教室里闹哄哄的,怎么办呢?

这时，我想起参加慈济教师研习会时学到的一首歌——《我爱爸妈》。我大声地对小朋友说："不要自我介绍了，来唱歌吧！"

我有一个好爸爸，也有一个好妈妈；他们养我育我，恩情真伟大。
我爱我的好爸爸，也爱我的好妈妈；我要用功读书，永远敬爱他。

当我们一遍又一遍地唱着歌时，小朋友的心很自然地安定下来，爸爸、妈妈、阿公、阿妈自动退到窗户外，看着可爱的孩子们用心比着手语，听着孩子们天真哼唱着《我爱爸妈》，他们也真情流露地跟着比手语，眼睛还泛着泪光。我想，他们心里一定很骄傲自己孩子的成长吧！

第二天开始，就没有家长来看我上课喽！

从此，《我爱爸妈》就成为我们的班歌；每天上课之前先唱一次班歌，唱完歌后全班默祷，心中想着对父母的祝福与感恩，默祷完后我鼓励孩子们说出他们想对父母说的话。我们就这样唱着，比着手语，孩子们的心变得很柔软，也懂得感恩，懂得爱……

有一次，大爱电视台来教室拍"春风化雨"专辑，班上的小婷分享了她的心情故事……

害羞的小婷告诉我们："爸爸最近常很晚回家，他说他很

忙,晚上有应酬;妈妈等爸爸等很久,很生气,就跟爸爸吵架。他们俩越吵越大声,吵到要离婚。我害怕极了,躲在一旁,不知如何是好。就在此时,我想起了班歌,就开始一句一句地唱着,一遍一遍地唱着……"

"当妈妈终于听懂歌词时,忍不住放声大哭,冲进房间去了!剩下留在客厅里的爸爸,我继续唱着……后来,他也听懂了,气也消了,就说:'不要唱了!'第二天早上,爸爸妈妈一起在厨房准备早餐,他们和好了……"

听完小婷的真情告白,大伙儿沉浸在感动的静默中,每个人的心像是被温暖地拥抱着……

我爱爸妈

5 5 5 3 1 1 1 | 2 2 2 7 5 5 5 |
我有一个好爸爸　也有一个好妈妈

5 5 1 3 5 3 | 6 5 3 2 1 2 — |
他们养我育我　恩情真伟大

5 5 5 3 1 1 1 | 2 2 2 7 5 5 5 |
我爱我的好爸爸　也爱我的好妈妈

5 5 1 3 5 3 | 2 1 3 2 1 — |
我要用功读书　永远敬爱他

心灵画圈圈

音乐是情感与记忆的收纳箱，足以激发一股力量，激励人心。当旋律响起，浮动的心很容易被音符收伏；在几转旋律之后，情意渐渐被触动，心也开始沉浸于回忆，无论欢乐或悲伤都令人感动……这时，我们会静静体会歌词，思绪便被安置在静谧的情感中。

心灵打勾勾

歌曲力量大，让我们一起用歌曲来打动大家的心吧！

一、我的歌：为自己找一首歌，当作自我介绍的名片。

二、唱出平静来：如果有些懒散，有些不专心，有一点点疲累，或是要进行正事之前，唱几首赞颂的歌或是听听冥想的宁静乐音吧！

动人的好话

有一次,我和几位初中小学的校长一同参与一项研习活动,活动后大家一起搭飞机回台北,在候机室里和郑石岩教授偶遇。大家聊着聊着,回忆起一起办研习活动的种种趣事,霎时间仿佛重回年轻岁月,每个人眼神中流动着温暖与喜悦。

登机的时刻到了,大伙儿仍意犹未尽,彼此互相交换着名片,并约定要常常保持联系;我没有名片,就告诉郑教授,自己很微小,只是个小镇上的小学老师。郑教授笑着,拿出他贴身的记事本,很慎重地请我留下电话、住址;我不断地喃喃说道:"我很微小,郑教授,不必了!"

他深深地看了我一眼,笑着说:"倪老师,千万不要这么说,这样说会对不起菩萨的!"

一句好话顿时点亮了心灯,照亮了情绪。

郑石岩教授曾在《觉察自己的情绪》这篇文章里面提到,好情绪的出现就像一株幼苗,你察觉到它,就要用它来做点有意义的事。

我恭敬地在郑教授的记事本上签下我的名字及联络电话;在此同时,我也在心中暗暗发愿,要用对菩萨的心恭敬地看待我的学生。

有一年开学时,我请每个小朋友做一本"我的书"介绍自

成为孩子的伯乐

己,并且练习用做书剩余的图画纸做名片发给同学。我告诉每个小朋友,可以用最有创意的方式,用画、用写、用照片来呈现自己的特色、专长和喜好。小朋友做得好开心!可以做一张像大人一样的名片,每个人都绞尽脑汁……

正当大伙儿热烈地制作名片时,这学期才刚转来的小强突然趴在桌上大声哭了起来!我快步走到他身边问他怎么了?他哭丧着脸,用很乡土的台湾国语对我说:"老师,我没有照片!我要怎么办?"

"什么照片都可以呀!小时候的婴儿照片也可以呀!"我回答说。

"老师,我真的没有!大地震后我家倒了,爸妈都不在了!我现在住外婆家,外婆说没有照片!老师!我真的一张照片都没有……"小强一边低泣,一边说着。

"对不起,小强,让你为难了!"我牵起他的手,从抽屉里拿出照相机告诉他:"别哭!没关系,老师有相机,马上帮你拍一张!"

他破涕为笑,尴尬又害羞地站在班级牌下,举起双手比了个胜利的V字手势!

从那天起,小强变成我最死忠、最贴心的学生。他是我们班的"最后长"——每天最后一个离开教室的人!他常常自动自发地把教室重扫一次,把每一个窗户都关好,才笑眯眯地跟我说:"谢谢老师,老师再见!"

有一天,他上完体育课后突然全身红肿,我请外婆接他回

去看医生。放学时，没有"最后长"，我自己一个一个地将窗户慢慢关上，才体会到小强的辛苦！

正当我要关门时，听到窗外有人喊着："老师！您还有一个窗户没关好呢！"

原来是小强！他惦记着他是"最后长"，也不放心我这个常搞乌龙的老师，竟然在看完医生后跑回学校察看窗户有没有关好。我仔细再看一次——真的有一个窗户没关好！

每当夜阑人静时，看着窗外，我常想起小强，依稀听到他那稚嫩的声音喊着："老师！您还有一个窗户没有关好！"

心灵画圈圈

当自己有饱满的能量时,也能带给别人力量;而好话是最动人的鼓励,续航力无限。说好话能给人正向能量与勇气,重新面对自己的弱点,更新自己达到最佳状态。我们开始每日一好话,为自己的心灵加满油吧!

心灵打勾勾

"喊口令,学好话"——

一、将每天抄在联络簿或教过的好话,当作是进门口令。比方说:"老师早,小朋友早,轻声细语。"说不出口令的人就是"外星人",他必须等下一位同学带他一起进来。

二、将好话带回家,成为进家门的通关密语。

三、将好话记下来,编成个人嘉言录或是座右铭。

写字模仿秀

证严法师最常说的一句好话是:"多用心!"

我也最爱这句话,常用"多用心"叮咛孩子们。但是,一年级的孩子不知道如何做才是多用心;于是,我就设计"写字用心模仿秀"和孩子们玩。我告诉小朋友,我们要模仿的不是周杰伦、五月天这些偶像,而是课本上的标准字体,看谁写得最像。

写字课时,我把"头要正,背要直,心要静"写在黑板上,然后讲"没有声音的运动会"这个故事给小朋友听:"老鼠一家人,为了给老鼠爷爷办一个喜出望外的生日派对,举办了一个没有声音的运动会……"

这时,我看到孩子们清澈的双眸眨啊眨的,快乐地笑着,就建议他们也来玩"没有声音的写字课",竟然得到了他们的热烈响应。从此,写字课就成了"静默课"。

静心下写的字又美又好。用心写完后,我在本子上贴上空白贴纸,由全班同学轮流当评审;觉得好的本子,便在空白贴纸上画记号,一个□是五分,两个□□得十分,○是一分。最后由他们自己看谁的分数最多。

如此一来,不但能把字练好,还学会了数数,也做到了用心,真是一举三得。

成为孩子的伯乐

最后,每一位小朋友都可以拿着本子来老师面前接受鼓励。我一边发着糖、一边说好话:"祝福你更好!"孩子们很高兴,字写得更好了!

"好字在手,终身受用无穷。"模仿秀的实行,孩子们的错字少了!字写得又美又好,心也学着安静了。一举数得,何乐而不为呢?

心灵画圈圈

"手作"传递特制的心意。每个人以手写出来的字都不一样,就如每一块不会一模一样的手工饼干。手是心灵的传输线;用手作,正是多用心。

心灵打勾勾

一、写家书:用手传心,写一封信寄给父母亲,感恩他们并和他们谈心。

二、回信:请父母亲手写回信,邮递寄出。你收到父母回信时有何感受呢?

三、送上祝福:寄一张手写明信片或是卡片,给好久不见的朋友吧!

爱心存款簿

我常和学生相视微笑,在我们一起做早操扭扭跳跳、一起擦地时;即使在他们偶尔吵闹失控时,我也尽量以微笑、轻语、拥抱代替惩罚。

每天早上,我们进教室的口令是:"吸入心宁静,呼出口微笑;安住于现在,此刻多美妙!"

安静坐好后,我们常玩"用耳朵看"的游戏,学习静听大自然的轻声细语。天气好时,我们可以静静地在校园内散步、朗读课文,或者蒙着眼玩"我的树"游戏。

慢慢的,他们学会了能静默、能专心的功夫,心也变得很柔软,有着无限创意。

上社会课时,我们学习填写存款单的方法,我笑着问他们:"有没有属于自己的存款簿呢?"

大部分的孩子都笑说没有,或者是:"像樱桃小丸子一样被妈妈保管了。"

也难怪,他们今年才八岁啊!

"老师想送一本存款簿给你们好不好?"

"真的吗?"

我发下了"爱心存款簿",让每一个孩子学习记录每天用他的口、他的手、他的身体做了哪些好事,把每一项好事都登录

卷二 创意魔法教室

下来。

小朋友好喜欢,各式各样的好心好意也陆续出笼——

> 我用心地轻轻关门。
> 早上笑眯眯地跟校长打招呼。
> 对启智班的哥哥说了一句好话。
> 吃自助餐时帮一位老伯伯拿碗。
> 替树爷爷浇了一桶水。
> ……

原来,每一颗自由的心都可以发挥无限的创意!每天替他们的爱心存款簿盖上笑脸奖章,是我心灵喜乐的时光;我从中看见了孩子的纯净清美,欢喜地以童为师!

心灵画圈圈

"爱心存款簿"鼓励孩子做好事、说好话、存好心,久了就变成习惯,习惯形成个性,个性形成命运,一生受用不尽啊!

心灵打勾勾

一、爱心悠游卡:储值爱心后,用爱打通关。

二、"好事多"贴纸:设计集点卡,看见朋友做好事时,热情赠送自制的"好事多"贴纸!集满集点卡时,可兑换你爱的抱抱。

心的留白

学校里的凤凰木开花了,从点点星星绽放成一大片金红,好灿烂,好美丽。

我常带着孩子们在树下散步、静坐、做操;一片片花瓣轻灵自在,随风飘落在我们的身上,柔美而雅致。

在树下的这段时光,我们领悟到大自然不言而喻的教化。凤凰木不会说话,但是它自满自足、用心地开着花;不必招呼,我们全都自然而然地投向它的怀抱,仰望着它,从内心欢喜地赞叹着它。

人,也是可以如此的;好好地学习,心灵的美好品质,也会自然而然地流露。我轻轻地说着,孩子们清澈的双眸眨啊眨的……

孩子们的神往使我想起了最近听蒋勋教授畅谈"悠闲的美感",他说:"一天当中,找半个小时的时间让心情沉静下来,可以让很多美的事物进到生活里……"

因此,我试着开始在课程中留一些"空白"时光给学生。每天早晨到了学校,先让孩子们在图书架里选一本好书放在抽屉里;在上课时间,谁先写完作业,就可看自己想看的书,或是做一下白日梦,让心灵解脱一下。

有时,课上了一个段落,下课时间还没到,我们就静静地

成为孩子的伯乐

下楼,一起看花去。学校里的黑板树、桃花心木、火焰木、刺梅……我们一一认识了;有时还远征去文化中心看展览、表演,或是到校旁的小庙看门神;日子过得好悠闲,心灵好愉快。学业成绩没因此降低,反而让"上学"变成一件最快乐的事。

班上的恺芹前几天为我们写了一首诗《我们这一班的回忆》:

> 我们这一班,聪明又乖巧,
> 写字写得好,画图画得妙;
> 快乐欢喜学,风度气质佳。
> 我们这一班,人才真不少:
> 佩孜头脑好又好,德纯思想妙又妙,
> 麒龄打球呱呱叫,奕安精明又灵巧,
> 奕翔细心又努力,开骏故事说得好,
> 愉雾诚实肯上进,士伟最爱哈哈笑,
> 思霈认真又负责,安辰自然想得通,
> 英杰品德没话说,文婷朋友多又多。
> 大家一起勤努力,将来回忆忘不了。

(刊于《国语日报》)

世界很小,无限辽阔的是心;让偶尔的"空白"带领孩子的心飞扬吧!

卷二 创意魔法教室

在留白的静默中,我最喜欢读他们的眼睛;有时我们虽然彼此默默无言,但我知道有一股暖流在我们心底汩汩地流动着!在孩子们纯净的眼底,我也看到未来教育的愿景,是幸福,是快乐!

心灵画圈圈

　　空间若是都被填满，即使美好的东西就在眼前，你也丝毫不为所动，因为再也容不进一丁点东西；而且，空间的压迫感让人十分疲累呀！清理一下，别害怕遗漏了什么，从容不迫地观看与学习；如此一来，许多的笑容与美好都能一一欣赏了。留白，是对想象力的培养啊！

心灵打勾勾

　　一、看图说故事：在一张图画纸上画上一点或是黏上一朵小花、树叶……让孩子们乘着想象力的翅膀，天马行空吧！

　　二、发呆，让自己放空吧！

静思与专注

就读师大时和名书法家杜忠诰先生同班；他每天用心练字，立志成为书法家。他常说，心静则字好；他的用心专注深深影响了我的教学。

刚毕业时，我在山上教书。山中的孩子不习惯午睡，我就和孩子一起练字。我先让学生不经过静心就开始练字，使学生了解静心对书道的重要；或者让学生在一小时里写五十个字，和一小时写两个字来做比较，使孩子们了解专注的重要性。一直到孩子们慢慢体会到"静心"与"专注"的重要时，他们才可以正确了解到"空"并不是一无所有；我们写的是"书"，而介于字与字间的空才是"道"。

那一段山居岁月，让我体会到"静""思"的美好。

我想，孩子们要先能"静"下来，才能"思"考；这时，再给他一句句的好话和好的故事。这样慢慢地引导，日积月累，这种美好、愉快的学习经验，就能渐渐储存在他的心灵宝盆中；而这些美好的经验，在他未来的生活里就有机会用到。

我很喜欢学佛行仪中的"四威仪"，常在接新班时，就以"行如风、立如松、坐如钟"作为口令，让孩子们共同学习"静"与"思"；尤其"立如松"，运用在升旗、排队时很有效用。简单的一句话，比许多训词都有效用。班长只要说"立如

成为孩子的伯乐

松",孩子们就会如学校的松树般站得好正、好直;上课铃响后,就闻铃静坐,像一座钟一样地安静坐好。

在闻铃静坐后,我让孩子们学习"听"。

我们先听教室内嘈杂的声音;"好听吗?"

"不好听!"

"老师骂人的声音好听吗?"

"不好听!"

在聆听嘈杂后,我们接着学习安静下来,静听大地的声音。

我会随机问他们:"雨声好听吗?"

"雨点叮咚,好听。"

"风声好听吗?"

"风吹树叶,沙沙地响,好听。"

之后,我们开始玩"眼睛听、耳朵看"的游戏。大家闭上了眼,轮流地发音,用耳朵"看"——"看"到了涵文在唱歌,"看"到了雅涵在朗读,当然还有孟科的奸笑声……种种声音都被大伙儿一下子就猜中了!

慢慢地,日积月累地,感受静听的美,让孩子们有了这样的作品:

"微风在心中,盖了房子,住了下来,不冷也不热,好舒服!"

"我感觉到大地的生机,心里有一股美好的气味,升了上来。"

"四周好安静,心灵好安定,心情好干净!"

能安静后,接着玩"和心灵打电话"(心的 morning call)游戏。他们每天要轮流问:"心里的天使今天要告诉我们什么?"

他们会说:"做个好学生""要安静""要能原谅别人"等。

爱计较、爱生气的小蔓,说了这样的一段好话:"老师,天使叫我要做好孩子,我就学着做好孩子;做好孩子真好呀!我做梦都不再梦到魔鬼来捉我了!我梦见自己能飞了!在空中飞好舒服呵!"

坐在她隔壁的富毅就说了:"你已经变成天使了,当然快乐了!"

有时候,听了他们的妙语就想到"教学相长",孩子们也是我生活上最好的老师啊!

心灵画圈圈

静思与专注的练习,让人可以好好看见自己,好好和自己对话。当自己的心安顿下来,一如沉静的湖水,倒影清晰可见。心静了,美好就被映照出来了。

心灵打勾勾

一、声音电影院:聆听附近的声音,串联成声音列车,说一个关于声音的快乐故事。

二、快乐魔法棒:天使好话魔法棒,打倒坏习惯魔鬼,看见自己的美好。

卷二 创意魔法教室

心的 Morning Call

火爆小丸子的软弱

由于开学前与家长一通电话的沟通与谈心,我知道了班上"火爆小丸子"——小雨——那段悲伤的童年往事。

因为父母不合,有了外遇的父亲坚决想离婚,竟然在夜里用布袋盖住孩子,绑架了亲生女儿,以女儿的生命来威胁妈妈答应离婚。虽然小雨后来平安回到母亲身旁,这场闹剧却已伤透了孩子幼小的心灵;小雨不再相信任何人,只要稍不顺心,便立刻以暴力、恶言对人。

开学第二天,班上有两个男生因些微小事被她打得流鼻血,倒地不起。当我用悲伤的眼神望着小雨,她有了一丝羞惭,但仍有几许不驯。"用父母的爱心善待学生"这句话即时涌上心头,我决定收拾起我的大道理,把小雨拥入怀中,轻轻告诉她:"小雨,你别怕!老师就在你身边,你不要害怕了!"

在我怀中放声大哭的小雨,情绪终于有了安心的出口。

在每天的"和心灵打电话"(心的 Morning Call)时光中,大家静心后,随着音乐,一起坐着时光机,回到了小时候……在宁静的片刻,我读了一篇好文章给大家听:

每次一被爸爸骂,心里就想恨他。可是,想起小时候

成为孩子的伯乐

爸爸对我的爱,实在很想向他说声:"对不起!爸爸!"

爸爸对我的爱有很多、很多。我最难忘的是在我四五岁的时候,有一天,爸妈带我去看鱼,一不小心,我踩到了滑石,跌到水里去了。水很脏,而我也"喝"了很多水。爸爸看到了,赶紧跳下水救我,然后赶紧将我送到医院。爸爸一直在身边陪着我,还逗我笑。

每一次恨爸爸时就会想起这件事,我的心会变得很柔软,眼泪一滴滴地流下来,心中就有了一层感恩爸爸的心。

读完文章,全班一片宁静,大家的心似乎也柔软了起来……小雨听完也哭了,在她的心灵谈话簿里写着:

我也想起,有一次,我从很高的地方跌下来,我的头跌破了,有一个可以看到骨头的大洞,爸爸和妈妈一直哭,又不顾生命地跑着,送我到医院。医生帮我把头破的地方缝起来,我痛得哇哇大哭!每次很恨爸爸的时候,我就会躲在角落里放声大哭!现在我的心里只有感恩,没有恨了。

读完她的好文章给大家听后,我们俩相视一笑,什么话也不再说。

第二天,小雨又在心灵谈话簿里写下了:

天上最美是星星,人间最美是温情。我的好妈妈,我的好老师,都是我一生中最爱的人!

苦瓜脸的笑容

有一阵子，我们一家人流行到各地看大树。某个假日的早晨，看过了《台湾赏树情报》，我们这天要到后里看一棵千年的樟树公——泽民。

我们先到月眉糖厂，买了各式各样的冰品后，漫步过去，静静地端坐在泽民爷爷的怀抱中。大树身上有着一个个小小的树洞，树洞仿佛是扇窗口，人生的风景突然就在眼前不断化现，我好像更能专注地看见身旁每棵小树如同每个孩子的喜怒哀乐……

在大树下，我想起了班上韶如练习演讲时的苦瓜脸，我挂念着。

可不是嘛！这些日子来，我带着她一次又一次地练习，希望她在全市比赛中有好成绩；然而，在我严厉的指导下，大概已经把她对演讲的兴趣消磨光了。

树下的静思使我觉醒。证严法师说："教育是好好地给予与对待。"回到家，我赶紧打电话给韶如，除了向她道歉外，并祝福她努力练习后一定会有好的表现！我还和她分享今天看大树的心得，电话的那头传来她轻柔的笑声……

第二天到了学校，她学习的态度和以前迥然不同了，好认真、好用心！有时看到我矫正她字音的着急模样，反而会给我一个谅解的微笑。

"打电话给孩子，和他谈心"实行以来，改变了许多孩子偏差的行为，和孩子们的心也更贴近了！尤其是遇到令人头疼的孩子，放学后的谈心电话比课堂上的训话有效多了！

心灵画圈圈

打开心房说亮话,首先还是要有人先开心房;当我们如是思想时,就从自己先开始靠近吧!尤其在面对孩子时,我们总以高高在上的指导训话之姿出现;于是,孩子只能仰望看着,即使他们踮着脚也够不着我们的心思。心的 Morning Call,让我们可以学习弯腰或是蹲下之姿,倾听孩子,私下表达歉意或祝福;他们不必再奋力踮脚,因为我们已经靠向他们,准备聆听……

心灵打勾勾

一、学习倾听的姿势:邀请一棵植物成为伙伴,记录你和植物的倾听与对话。

二、交换日记:悄悄话好好说。当你聆听了和你交换日记的人的故事时,给他正向的回馈吧!

我们的秘密基地

一年级新生入学时,很多都是由父母牵着来到学校;在教室门口要跟爸妈说再见时,总是有人哭得好伤心,不愿意进教室。

我在布置教室时,特意辟了一个角落,在那里摆了一张沙发,放上一盆小花,还有抱枕和小书柜。我告诉小朋友,这个独立的角落就是我们班的秘密基地,也是我们的宁静角落。

面对小朋友的分离焦虑,我总会轻轻抱他一下,然后牵着他的小手,来到班上的秘密基地,给他一本书,让他在那里安静自在地待一会儿。

孩子进入新环境难免恐惧不安;允许他暂时离群,做自己想做的事,可以安定情绪,帮助他找到安抚自己的方法。待在"宁静角落"的孩子,有时什么也不做,只是静静地观察其他小朋友;当他情绪渐渐平复,眼神透露出对班上正在进行的活动感到兴趣时,老师就可以邀他一起参与,他自然地回到团体中来。

这个方法很有效。开学后的一个月里,小朋友往往一早来到教室,就自动去那个角落。在这里,他不需要大人,只要与自己在一起;在那当下,他拥有自己、感受自己,得到满足和独立的勇气。

我女儿一学会走路以后，就喜欢爬到桌子底下的小小空间，待在那儿好一阵子，怎么叫都不出来。我想，这是不是意味着，当孩子有行动能力以后，就开始在寻找自己的个人空间？

有些爸妈老是把孩子每天的行程排得满满的；孩子从小接受别人的安排，没有机会学习安排自己的生活，被安排的小朋友常觉得不快乐。也因为没有和自己独处的机会，以致好多孩子害怕孤独，害怕独处，一直吵闹，静不下来，老师也管得筋疲力竭。

班上的小维是个"动"个不停的孩子：注意力不集中，嘴巴里老是念念有词，像猴子般地在教室里跳来跳去。我常给他一颗维他命C吸引他的注意；他常一边咬着维他命C，一边摇晃着身体，把老师规定的事做完。

"动"是让小维专心的方式。但小维这样的孩子，也喜欢自己一个人坐在秘密基地里，什么事也不做，什么玩具也不要，就静静地坐在那儿。

宁静，可以让人休息，让人找回自己，找到再出发的力量；不管这个人多小，甚至只有五六岁而已，都需要宁静的时光。

好多我的学生长大后都很怀念"秘密基地"。在这小小的天地中，找到属于自己独享的空间，心情变得宁静安详，还可以神游于浩瀚的书香世界，得到课内、外的丰富知识，也得到心灵的满足与快乐。

心灵画圈圈

　　每个人心目中最美的角落，会随着各自的喜好而不同；不在于大小，而在于心灵的感受。秘密基地就算外表不起眼，却是孩子心目中最美的小天地。

　　补充维他命 C 让小朋友不容易感冒；以维他命 C 取代糖果，可以成为老师班级经营时的法宝之一。放学时，我常站在教室门口，等小朋友一一走出教室时给我一个爱的抱抱，我就在他们的嘴巴里塞一颗维他命 C；累了一天的小朋友含着甜蜜，快乐地回家去，明天又可以快乐地来上学。

心灵打勾勾

　　一、打造心灵的秘密基地：若要在教室的角落布置一个温馨的区域，你想怎么布置，你们的暗号是什么？

　　二、还有什么教学法宝，可以帮助小朋友学习，同时又能强身？

成为孩子的伯乐

对不起，都是我的错！

我喜欢在每天早上的晨读时光，朗读一些搜集来的好文章跟孩子们分享。其中有一篇是这样写的——

故事是发生在二次世界大战时的日本。

有一位年轻的男孩和他的未婚妻总是约在车站旁的大树下见面。男孩很忙，总是迟到，常常道歉说："对不起，让你久等了！"

女孩总是笑着回答："还好，我也没到很久。"

这男孩从军时，两人相约：等战争结束后，仍然在大树下见面。

没想到，他这一去就是二十年。

原来，他中了弹，失去了记忆；等到他复原后，突然间想起了往事，急忙回到家乡，一切早已人事全非。

他悲伤地站在大树下发了一阵子呆，正想离去时，看到不远处有一个卖香烟的摊贩，他走上前去说："买一包烟。"

蹲在地上整理东西的欧巴桑缓缓抬起头来，目光交会的刹那，他不禁热泪盈眶……

他轻轻地对她说："都是我的错，对不起，让你久

卷二 创意魔法教室

等了。"

没想到,她也照样温柔地回答:"还好,我也没到很久。"

故事才说到这里,班上一向顽皮的小伟,突然大声地哭了起来。

那天,小伟在他的心灵谈话簿上写着:

上星期,老师说最近要到同学家里做家庭访问;我很不安,告诉妈妈:"真希望老师不要来!"妈妈深深地看了我一眼说:"孩子,妈妈说一个故事给你听……"

从前,有个小女孩在夜里发高烧,爸爸妈妈先给她吃一包退烧药,天亮了再带她去镇上的小诊所看医生。但是,看了医生,也吃了药,她仍然一直没退烧,爸妈心急如焚。

因为高烧还是不退,三天后带她到大医院求诊,因为延误了病情,医生说:"太慢了,来不及了,她得的是小儿麻痹症!"

出院以后,小女孩的爸妈就常常吵架,两个人互相指着对方骂:"都是你的错!"有一天,小女孩的妈妈实在受不了了,离开了家,不再回来。

那一晚,小女孩的爸爸抱着她大哭,说:"都是我的错,都是我的错!孩子,对不起!"

故事说到这,妈妈早已泪流满面!

成为孩子的伯乐

  我看着妈妈悲伤地一拐一拐地走向厨房,靠着墙,哽咽拭泪……妈妈刚刚说的原来是她自己的故事。
  妈妈知道了我不想让老师来家庭访问的原因。
  老师,都是我的错!我不应该让妈妈这样难过的……

  看着小伟的心灵日记,我的泪水不由自主地掉了下来。
  下课时,我请小伟留下来,将笔记本还给他。我张开双臂紧抱着他,小伟在我怀里哭了,我轻拍着他的背;此时,我们的心灵相通。
  "如果你觉得老师到家里访问不方便,打电话也可以的!"我轻声地对他说。
  他破涕为笑,说:"老师,没关系的!我和妈妈会在家等您来!"

心灵画圈圈

　　故事,是触动心间的良方;被故事"喂养"的小孩,都是乐于分享的小天使;属于孩子的纯真与体贴,故事可以提供长效保温,在他长成后依然有效。而喜欢听故事的孩子,长大后会是善说故事的人,将故事的"祖传秘方"交棒下去。

心灵打勾勾

一、对不起卡:做错事了,我愿意面对,并且勇于道歉。

二、没关系卡:我愿意宽大待人,原谅别人的错误。

成为孩子的伯乐

喂铜像吃饭的孩子

一二年级时的小哲,总是在早会的时候,被老师拉着进到办公室;坐在一旁的他,看起来就像个小大人。他在学校成天打架、闹事,是全校皆知的小霸王;因为他多动,没有一刻能静得下来。

升上三年级重新编班,同事们都恭喜我抽到了签王——小哲被编在我班上。

电影《阿凡达》中,纳美人有一种沟通方式是用他们的辫子;我和孩子的沟通方式之一则是摸孩子的头,发现他们不同的可爱。当我摸到小哲的圆头时,发现他有一撮头发是金色的,像极了孙悟空。我笑着对他说:"可爱的孙悟空!"他顽皮地对我眨眨眼……

在开学前的谈心电话中,我邀请小哲的妈妈到班上来担任"故事老师"。

我向小朋友正式介绍了"薛老师",并请小哲担任秩序股长,负责在妈妈讲故事的时候维护秩序。我希望,小哲能靠自己的力量,勇敢地将别人给他的不好标签撕掉!

我们大人常因为只看到孩子不好的行为就误解孩子,之后往往造成无限懊悔。

曾听过一个发人深省的故事——

有一位疲惫不堪的妈妈刚从卖场购物回家。当她拖着一大堆杂货走进厨房,八岁的大儿子已经等着向她告状:"妈!你不在时,弟弟拿了蜡笔在你刚贴好新壁纸的墙壁上写字!我已经告诉他:'你这样随便乱画,害妈妈重新再贴一次壁纸的话,妈妈一定会生气的!'他却不听,还一直画……"

妈妈皱起眉头问:"弟弟现在在哪里?"她气呼呼地找出惹下大麻烦、正躲在衣橱里的小儿子。

她对着小儿子大声咆哮,说自己好不容易存钱才买下这么昂贵的壁纸……愈说愈加火冒三丈,一时间完全抓狂了!

当妈妈气急败坏地冲进小房间查看灾情,一看到那面壁纸,她顿时泪如雨下;只见墙上写着"我爱妈咪",还画了一颗心将那些字包在里面。孩子这么爱她,却换来责骂,妈妈心如刀割。

为了提醒自己,这片壁纸就保持原样,只是加上了一个画框圈住它;这不只是要提醒妈妈,也要提醒所有的家人,在下判断之前要先厘清事实,不要还没搞清楚状况就乱发脾气。

很多时候,我们的情绪就是这么不理智。
记得有一次,我在午餐前说了国父孙中山先生艰辛创建中

成为孩子的伯乐

华民国的故事；小哲听完后，心中充满了对国父的景仰。没想到，他居然省下了自己的午餐，跑到校门口喂一尊铜像吃饭。

那时，在校门口等待接送孩子的家长，纷纷跑来教室向我告状，并且数落我，到底是怎么教育孩子的，竟然让孩子做出如此大不敬的事！

不过，我相信小哲会这么做一定是有原因的。于是，我"先处理事情，再处理心情"，先带着小哲到校门口把铜像擦洗干净。

回到班上，我以举办小法庭的方式，让小哲说说他做这件事的理由。

小哲说："我听了国父的故事后好感动，觉得他每天在外头风吹雨淋、没有东西吃好可怜，所以省下自己的午餐请国父吃……"

全班哄堂大笑！我也啼笑皆非，只好对小哲说："亲爱的小哲，你喂的那一位不是国父，是蒋介石先生。而且，铜像是不用吃饭的。"

虽然不时有惊人之举，小哲却也知道自己多动，中午总是匆匆吃完饭就离开教室，到校园远远的那头，孤单地走着……我请班上另一位小霸王小凯去陪他散步。小凯天真地对小哲说："老师叫我来陪你散步啦！"两个人走了一圈又一圈，午休时一回教室就呼呼大睡！

上体育课时，我和孩子玩"老鹰抓小鸡"；我经常故意扮演凶恶的老鹰，让小哲当保护小鸡的公鸡，他每次都很尽责地保

护了全班的小鸡。渐渐的,小哲就和同学产生了革命情感,打架、斗狠的行为渐渐减少……

上国语课时,我让同学分成数组,举办相声比赛。小哲一看过剧本,就能过目不忘,还可以自己增加很多有趣的对话,他玩相声玩得好开心。正式演出后,全班公认他们那一组表现最好,得到第一名!

我每个礼拜三都要到操场为全校小朋友讲故事;有一次,就让小哲在全校面前表演相声,大家给了他如雷般的掌声……从此,他渐渐成为人见人爱的好孩子!

小哲的妈妈因为每天要到班上来讲故事,促使她走出家庭,不断学习成长;也由于她坚持付出的心,让她荣获南投县志工奖!

记得有一次读到"周处除三害"的故事,我问大家:"有没有人想做坏孩子?"

全班没有人举手。

我又问:"那么,为什么还是有好多人要做坏孩子呢?"

小哲听了马上举手说:"老师,没有人想做坏小孩的,坏小孩都是被大人骂坏的!"

心灵画圈圈

每个人都是独一无二,都是特别的,千万不要因为还没看见,就说自己不够好啊!打破自己或是别人给的框框,用一双发现美的眼睛,你会看见自己的亮光,同时也看见他人的美好。

心灵打勾勾

一、标签的故事:参阅绘本《你很特别》(台湾道声出版)。

二、标签的游戏:请给予身旁的好朋友三个赞美,告诉他们你有多欣赏他们,他们拥有哪些你所没有的优点。

多动小顽子

小铭他不及龄就入学了,三年级时编到我的班上。一二年级时的老师在他的辅导资料里记载的评语是:"过于好动,做事潦草,心不定;上课不专心,说话时不看人,听话当耳边风……"

当我在暑假看到小铭的资料时,有点烦恼,也有点担心;我想象,我们这班开学后一定会很热闹。我于大学时代曾在台大医院儿童心理卫生中心担任过三年义工老师,也亲自带过一两个多动儿;根据一二年级老师所叙述的情况,我猜小铭八成是个"多动小顽子"。

果然,开学后,我一眼就认出了他;因为,他的眼神闪烁不定,手里随时拿着一样东西;总是动来动去,坐在位子上无法安定一分钟,不是站起来走动,就是双脚不断抖动,没有一节课能稍微安静下来。扫地时间及下课时间,小铭常一溜烟地离开我的视线;不是到树上抓蝉,就是和同学打架!每天都有同学来告状。就这样令人神经紧张地过了两星期。

我不断思忖着:"佛祖当初是用什么方法降伏孙悟空的?"

师大教授高强华曾在《教学的艺术》中提及:教学是科学或是艺术,是苦是乐,教师是操纵者或是实现者?

高先生认为实现者的特性有以下几点——一、诚实;二、觉察:能充分地审视自我,谛听自我和他人,充分地感知自然、

艺术、音乐以及生命中真正重要的东西。三、自然：他可以自由地表达潜能。四、信赖：深深地信赖自己及他人，把信赖视为人际沟通的重要因素。其中，"觉察"及"信赖"深得我心，我把它们运用于课程中，希望能帮助小铭。

首先是教孩子觉察安静的美。我请孩子们在上课铃声响后，"闻铃静坐"；全班安静后，学习谛听大地的声音、心灵的声音，接着是玩"用眼睛听、耳朵看"的游戏。慢慢地日积月累，静静的美，就会慢慢感觉出来了。

小铭从动来动去到能双手安定放好，前后经过了一年多。他在短文中写着："老师常说，只要静下来，就会听见大自然的声音。大自然的美有山，有水，有风。老师说，常看山，眼睛就不会坏掉，听水的声音是哗啦哗啦、叮叮咚咚，好好听。风，对我有很大帮助。本来我心中有一团火的，只要安静下来，风就把那团火扇熄了，真奇妙啊！"

这一年多来，小铭除了能"觉察"到大自然之美，以及体会到心灵中的重要东西外，最重要的还有对老师的"信赖"。

已经好久不再奉行打骂教育了！因为，教书近三十年，我深知孩子们是不会把打他、骂他、指责他的人"心甘情愿"地放进他们心里的。因此，我改用"好话、笑脸"教学——每天的联络簿上用"笑脸"加"好话"。

证严法师以"给一句好话"勉励老师们，他说："最好的教育，就是每天给他一句好话，藉以开启他本来就具有的善心、佛性。"加上每天课前的"静思"，还有下课前几分钟的"空白"

时光,小铭终于有了长足的进步。

为了让小铭充分发挥"动"的长处,下课时我教他手语歌,从《感谢天感谢地》到《老师心菩萨心》,还请他上台做全班的示范小老师。经过一段时间,小铭不但眼球不再乱转,双脚不再抖动,并且能唱作俱佳、用心地将歌曲的情感表达出来,真的是"唱达诸佛听,上达诸佛心"!

真的好感谢小铭,让我体会到当老师的无限可能;让我在每天平凡、平淡与平实的教学工作中,激发出创作力与热忱的心念!

心灵画圈圈

当我们以为自己在关怀他人时，转身一看，却是自己受益良多。即使是孩子，也会以与生俱来的善心、佛性，引领你看见自己的光亮。亲近孩子，便靠真、善、美很近。

心灵打勾勾

一、我也是老师：你可以教给别人的事情是什么？

二、拜师学艺：孔子说："三人行必有我师。"打开慧眼，好好向身边的人学习吧！

每个孩子都是千里马

柏儒是个聪明的孩子,小学一二年级时成绩都还不错;可是,到了三年级,功课愈来愈多,他似乎变懒散了。课堂上写字、算术,他总是拖到最后,放学时还写不完;月考时也是,考卷直到下课钟响都还没写完。

每次看柏儒的作业,心里就有气,因他的字写得很不好看,动作又慢;往往组长要收簿子了,他还没写完,同学们气炸了,我也气坏了……

柏儒的爸爸在菜市场卖些小古董、铜钱及大陆古玉;妈妈则是卖好吃的水饺、卤味。他们都很关心孩子的教育,下课后还把柏儒送到安亲班*上课,为什么柏儒还会变得这么懒散,功课愈来愈差?

在一个寒冷的冬夜,我刚看完牙医,突然在巷子里看到柏儒;都已经是晚上八点了,他还在暗巷里干什么?我再回头一看,原来他刚从安亲班里走出来。他低着头,垂头丧气地拖着鞋子走着。

真的,我从来没看过一个小孩如此沮丧、悲伤、无力的表情!我感觉柏儒的书包好重、好长;他的头低得好像快掉到地上,他的步履更是沉重!他,是百般不情愿地拖着鞋子在走路。

---

* 安亲班:即台湾的课外补习托管班。——编者注

成为孩子的伯乐

看到柏儒的背影，一阵心疼涌了上来。柏儒从早上七点多到学校，下午四点多下课就到安亲班；现在已经是晚上八点了，他还要背着重重的书包独自在暗巷里走着，早餐、中餐、晚餐都是自己在外面吃。他还只是一个九岁的孩子啊！

隔天，到了学校看见柏儒，脑海中便浮现昨晚那幕——暗巷中的悲伤背影。

我思考着，也许并不是每个小朋友都适合用"写字"的方式来做作业，有些小朋友的作业或许可以用"发表"的方式呈现。一个老师应该可以用各种不同的方法来评量学生，而不是只用"纸笔写字""考卷测验"等传统方式。

于是，在放学前，我给孩子们的社会科作业是"了解家人的职业"，请小朋友访问父母为什么选择他们现在的职业，并且谈谈其中的快乐和辛苦。我要求孩子们试着当一名记者，把访问的内容记下来！

"啊！又要记，又要写哦！"柏儒一听，就开始大声唉唉叫。

"不一定要用笔记下来啊！除了用手写之外，也可以用录音机把访问的内容录下来，再放给全班小朋友听……"我补充说道。

这时，我看见柏儒的表情从"很悲伤、很哀怨"转变成"很快乐、很愉悦"！

一星期之后，要交社会科作业了。柏儒那天兴冲冲地第一个来学校，他还没进教室就对我说："老师，我已经把作业做好了！我录音了耶！"我心想，柏儒每次都是最慢交作业的，怎么今天变成最快的呢？

卷二 创意魔法教室

上课时,我对小朋友说:"今天是柏儒第一个交作业,我们给他一个爱的鼓励!"随后,我请柏儒上台,播放他的录音访问。

这时,柏儒从书包里拿出了许多小古董、铜钱、古玉、茶壶等东西放在第一排同学的桌上;他说,他访问的是他卖古董的爸爸——

"请问张先生,您为什么会选择卖古董的行业?"柏儒问道。

"我选择卖古董是有原因的。我喜欢古董;从古董当中,我们可以了解历史,也可以知道古时候的人是怎么生活的。例如,从他们的钱币、杯子……"录音带里不时有市场的嘈杂声,小朋友听得很讶异,也很兴奋,因为柏儒是亲自到菜市场向父亲做录音访问。

柏儒的录音访问以及父亲的古董艺品展示,让班上的孩子听得目瞪口呆。柏儒那么用心地做家庭作业,也让同学和我学习甚多,因此我给他全班最高分!

每个孩子都是千里马,但需要碰到一位伯乐!

从那天开始,我从柏儒的眼中看到他"自信的光彩"!他原本都是低着头走路的,现在却开始微笑地抬头走路,也逐渐喜欢上课、学习,成绩进步了!

原来,柏儒是一个喜欢"创造性学习"的孩子,极厌恶"重复性学习";他对于已经学会的东西,却要不断地重复抄写,会感到十分厌烦和不耐,因此产生"拒绝学习"的心理。于是,我和柏儒的爸妈商量,减少他在安亲班的时间,也请安亲班老师不要一直逼他"不停写字",因为,学习可以是终身的快乐呀!

心灵画圈圈

学习应该是一件快乐的事；若成了折磨，便成了只是对别人的一种交代，成效不会回馈到自己身上来。学习可能很苦，如果能够甘之如饴，快乐终究会回报在自己身上！学习的路径有很多种，不开心并不表示该放弃学习，试试看另外一条路径吧！

心灵打勾勾

找一找快乐学习的方法：

一、自己想要学习什么？你如何用心学习？

二、请以小组形式，每个人列出自己学习的快乐与不开心，分析出适合自己的学习方式。

○○赢了 ××

那一年，开学第一天，我只花了一丁点儿时间就认识了小宇。小宇刚坐下就大声哭了起来！我和他妈妈赶忙到他身边，对他好言安抚，并轻声问："为什么哭？"

他大声地说："我不要读这一班，我要和小纬读同一班！"第一天就在他的大哭大叫声中，惨淡地过去了。

第二天起，我和小朋友约法三章，共同订出班规，并教他们行止间的威仪。话才说完，小琪就举手告诉我，小宇今天是爬墙进学校的！

我惊讶地望向小宇："真的吗？"小宇点了点头。

下课后，我和小宇手牵手到围墙边，他指着矮矮的墙说："今天早上，妈妈抱着我爬过围墙，再走进教室的。"我不敢相信，于是做了家庭访问。

妈妈告诉我："是真的！"还带着不以为然的表情说："倪老师，难道您没有当过学生吗？您应该知道学生最喜欢爬围墙了；我是为了让小宇及早体会爬墙的快乐，所以才会从一年级开始就教他爬墙啊！"

"哦！"可是，从一年级开始就不遵守校规，不太好啊！

经过一番详谈后，知道小宇的爸爸在高雄工作，一个月才回南投一次；妈妈在公所上班，因此三个儿子平时都送往安亲

成为孩子的伯乐

班，晚上七时以后才接他们回家。小宇是家中最小的男孩，小时候在乡下由外婆带大；外婆年纪大了，力不从心，小宇又特别好动，外婆只好任由他去。直到快要读小学时，妈妈才把小宇接回来同住。

妈妈对小宇虽有爱心，但无耐心；小宇做错了，妈妈常用水管打他，打完后又觉得后悔。于是，妈妈就以教他爬墙或买许多玩具来补偿，小宇的行为就这样开始出现偏差。

我变成坏人怎么办？

九二一大地震时，小宇的家倒了；他房间的柜子整个倒下来，差一点压伤他，他受到了极度惊吓。在地震过后，他的偏差行为更严重了；不只在上课时尖叫、喧闹，还趁我转头去擦黑板时立刻脱下裤子，露出私处给女生看，惹得女生尖叫，他就哈哈大笑。更夸张的是，小宇上体育课时还不时偷袭女生的胸部和屁股，甚至掀裙子；全班女生都被激怒了，家长也跑来学校指责。

我和小宇的父母讨论了孩子的状况，爸爸说："我愿意调职回南投，全家一起来帮助小宇。"我也和辅导主任合作，要以鼓励和爱将小宇爱回来！

请教医生，医生建议小宇的父母带他到大医院看儿童心理门诊。经过详细诊断后，发现小宇的脑垂体分泌异常，造成他无法控制自己的行为，而做出许多不雅的动作；这样的病症只要能按时吃药，并加上心理治疗，异常行为就会慢慢被控制。

但是，小宇吃了药后直嚷："头好痛！好痛！"妈妈看了心

疼,常常替小宇减药量,小宇的偏差行为因此仍不断发生。

有一天,小宇跑到我面前,拿出一本小册子对我说:"老师,您要好好管教我啊!您如果不管教我,将来我变成坏人该怎么办呢?我会跟人家说我是您的学生啊!"

"好!好!我会好好管教你。可是,你拿这本小本子给我做什么?"

"老师,从今天开始,我如果做错事或有同学来告状,您就帮我在小本子上打个×;您每打一个×,就可以打我一大板,您说这样好不好?"

天啊!小宇竟然主动要求我严格管教他、处罚他;可见,他的内心其实是一个善良可爱的孩子啊!但是,说归说,他的行为依然调皮、顽劣,每天仍不断地有小朋友来向我告状,说小宇打人,乱摸人,把青蛙的腿拔断了……

不到一个星期,他的小本子就已经被记了一百个×。我生气地找来小宇,对他说:"小宇,你说怎么办?你已经被老师记一百个×了,我今天真的要处罚你了!"

"老师,对不起!我应该好好被管教,请您打我一百大板吧!"

小宇将自己的手高高举起要让我打;我看着他的手、他的脸……唉!我怎么能忍心打他?

小宇的双手仍然举在半空中,等着被打。

团体作战,用爱抢救

我转过头,望着全班同学说:"今天老师真的好难过。从一

成为孩子的伯乐

年级入学到现在,老师每天都听你们来告状,说小宇这里不好、那里不好,好多好多的不好,难道小宇从来都没有做过什么好的事,可以让他打'○'的吗?"

过了一会儿,可爱的家维率先举手说:"昨天我没带彩色笔,是小宇借给我用的!"

我好高兴,也很感动,便继续向小朋友说:"现在,请大家努力地想:小宇曾经做过哪些好事?说他一个好,我们就送他一个○,一个○就可以销掉一个×,我们一起来'抢救小宇'好不好?"

话才说完,就有小朋友举手说:"老师,小宇昨天帮我打菜!"

"老师,小宇常帮我们抬牛奶,做资源回收!"

"老师,小宇昨天也有和我们一起扫厕所。"全班小朋友不断抢着说小宇的好,大家拼命地送"○"给他。小宇得到了一百个圈圈,终于把先前的一百个×都销掉了。站在前面的小宇,原本哭丧的脸突然笑了起来!

当小朋友们走到他面前握着他的手,将心中的好话传送给他时,他不由自主地大哭起来……

后来,小宇加入了球队,精力有了发泄的地方,正向行为也慢慢增加。小宇的爸妈也成为志工,带领小宇一起去付出;小宇也答应按时吃药,他要努力做个好孩子。

在亲师友的团体合作下,小宇的脸上已能经常挂着可爱、纯真的笑容!

心灵画圈圈

团体作战，用爱抢救脱序的孩子，会让孩子更有勇气修正自己；因为他知道，他和其他人是同在一起的，他必须要好好归队。

心灵打勾勾

一、○○××：○是好事，×是坏事，每天十小格，团体大作战，让××都不见。

二、当我们同在一起，少一人都不行；午餐、体育课、分组活动……时，数数看谁不见了，赶紧去找他回来啊！

成为孩子的伯乐

迷惘的孩子

有缘参与了慈济举办的教师静思营,在三天两夜的活动中,每个人都让自己重新归零,用心感受慈济的人文精神。

在第二天的课程里,慈济中学曾汉荣校长提出要在校园落实"诚实"的信念——在校内设置阅报箱,旁边放置一个投币盒,让学生将零钱投入盒中自由取报。有的教授担心,这种自由心证的做法会让孩子只阅报而不投钱;然而,曾校长强调,会通过正向的鼓励来支持这项活动,而不去计较在这其间投资了多少报费。

这一分为学生真诚付出的心意,令人听了好生忏悔。我不由得想起之前在高雄任教时发生的一件事……

某一天在学校演讲后,陪着孩子们逛百货公司;在百货公司贩卖精品的柜台前,和从前的学生小怡偶遇。小怡远远地和我四目交接后,如见鬼魅,慌忙地躲在柜台下;当时我好想上前去拥抱她,然而我却迟疑了一会儿。当我下定决心走向柜台时,她已请假离去;代班的同事告诉我,她是哭红着眼、慌张地离开柜台的。

十年前的小怡,还是个四年级的小学生;她担任班长,人长得极美,我常托她办事。有一次,收完班上的牛奶钱,我把要找给小华的五十元托她转交。放学时,小华来到我面前请我

给他五十元;我询问了小怡,她回答:"我忘记又传给谁了。"

想不到,这件事竟然闹到令人抓狂的地步。我要小怡检查全班同学的书包,最后我也检查了小怡的书包;竟然在她的国语课本中发现一张五十元的钞票!小怡掩饰不及,猛一抬头看我,眼里充满了求助与恐惧!

不过,学生中已有人眼尖地指着小怡喊:"班长是小偷!"

我安抚了学生,对小怡拍拍肩,平静地处理完这件偶发事件。

在学期结束时,我考虑再三,最后还是在给新老师参考的学生辅导记录本上写着:"要多注意小怡的生活习惯。"没想到,开学时,新班主任竟然带着小怡来教室找我,希望我能详细说明她在生活习惯中应该注意的是哪些事,我抬头时看到小怡充满怨恨的眼神……

十年过去了,听其他的学生说小怡不再升学……我的心中有好多好多的遗憾!听着曾校长谈及对"诚实"这个信念的用心,我也深深地反省与忏悔着。

从今以后,面对迷惘的孩子,我将会以更深情和宽广的心看待他们,希望能竭尽一切方法帮助他们。

心灵画圈圈

　　教师在什么情况下能搜学生的书包,这是个很有争议的问题。老师的出发点都是为教育孩子,但做法上可以更细腻,尤其要保护到当事者的自尊,让事情留有余地。

　　如果我们愿意相信迷惘的孩子有决心改变,就该全然相信;如果存有疑虑,就不会是"愿意相信",那样只会让孩子失去对我们的信任,我们的"不诚实"也会深深灼伤孩子的心。如果愿意相信,就请表里合一地真心相信。

心灵打勾勾

　　一、木偶奇遇记:说谎鼻子会变长的小木偶,因为学会诚实,终于成为真实的小孩。诚实力量大,我们一起来阅读小木偶是如何懂得诚实的。

　　二、谎言的考验:说谎,是因为想要遮掩自己犯的错。我们都知道说谎不对,所以说谎时你的心就会很不安,扑通扑通地跳得很厉害、很难受!想想看,说谎的感觉有多不好呢,我们该如何学习不说谎呢?大家一起来想办法吧!

一根沾满油漆的汤匙

第一次担任一年级的班主任时,心里战战兢兢。才刚点完名,教务主任带了两个小女孩来到教室门口。我一看,心中讶异着:"天哪,怎么会有这么矮的孩子!"

主任指着其中一位大约只有一百厘米的女生对我说:"比较矮的是姊姊,今年七岁;高一点的是妹妹,只有五岁多,还不及龄。他们的母亲要妹妹一起来念书,顺便可以照顾姊姊。麻烦您了!"

我傻住了!怎么会叫五岁的妹妹来照顾七岁的姊姊呢?心里很不解地问:"怎么不让姊姊成熟一点再来念书呢?"

这时,孩子们的妈妈从门外探头进来,幽幽地说:"她不会成熟了!她的个子就是这么矮……她今年已经七岁了,我如果不让她入学念书,公婆会责怪我的……"

沉默不语的女孩

我想,教育是"零拒绝"的工作,就让她们这两位矮个子姊妹坐在第一排上课吧!可是,当我问:"你们叫什么名字?"她们俩都不开口;从早上到中午放学,两人都紧闭着嘴巴,用大大的眼睛望着我。

第二天,妈妈又带着两个女孩来上学。我对妈妈说:"学校

成为孩子的伯乐

有启智班*，我带您去参观一下；那边目前只有五六个小朋友，有两位老师教，您的孩子会有比较好的照顾！"

我没注意到妈妈和孩子不悦的心情，就带着她们一起来到启智班；可是，一到门口，姊妹俩说什么也不肯走进去。我说："进来参观一下，没关系啊！"

妈妈很不高兴地说："我们不要读这种班，我的孩子是很正常的……"

"可是，您的孩子连自己的名字都不会说啊！"

这时，一旁的妹妹大声说："我叫施小韦，我姊姊叫施小芝！"

老天爷！终于听到妹妹开口说话了。"妹妹，你不能代替姊姊说话啊！姊姊必须自己能说出自己的名字，才能在我们班上读书。"我顺势要让姊姊开口说话。

个子矮小的姊姊小芝，睁大了眼睛看着我；大约过了十秒，她才鼓起勇气，吃力地从鼻子发出很细、很小的声音说："我叫施——小——芝……"

此时，我抬头一看，妈妈早已泪流满面。当时的我是很不情愿教她们；因为，在课堂上她们都不说话，只是一直抄，一直写。下课了，个性闭塞的小芝也是一直坐在教室里，不出去和同学玩。看到小芝和小韦的表现，我实在是不喜欢她们，也未真心地接纳她们，常常不悦地责备小芝："小芝，你看你，桌

---

* 启智班：台湾小学中为智力不佳儿童而设的特殊班级统称为"启智班"。——编者注

上、桌下都脏兮兮的!快点把座位整理干净!"

有一天,小芝的妈妈来到学校拿她忘掉的联络簿,顺便帮忙她清理抽屉,突然间,妈妈大叫一声,原来小芝的抽屉里藏着好多垃圾和发臭的食物,还有好几只蟑螂爬了出来。

这时,我忍不住对小芝妈妈说:"施太太,你要不要再考虑一下,把小芝送到启智班去,做专业的特别辅导?"

妈妈一听,脸一沉,忍不住地哭了出来:"倪老师,你知道吗,生了这样的孩子,我的心好苦啊!我常常一个人偷偷地哭……好多次……好多次我想去自杀……我并不是故意要生这样的孩子啊!可是……如果我死了,这两个孩子怎么办?"

听到妈妈这段话,我真的好惭愧。对啊!天底下没有一个妈妈希望生出这样的孩子啊!而且,她还要长期忍受公婆的异样眼光及压力。我轻蔑的态度以及不礼貌的言词,真是刺伤了小芝妈妈的心啊!

放学后,我骑着车,一边回想,一边流泪,心中充满忏悔,好自责!我真是说错话、做错事了!我在心中暗暗发愿,一定要改变态度,想出好法子来帮助她们姊妹俩。

快乐唱歌的女孩

有一天,小芝感冒生病了,仍然来学校上课,妹妹转达妈妈的请求,要小芝别出去上体育课,于是我让小芝一个人留在教室内画图,就带着其他孩子们到操场上。

课上到一半,我回教室拿个东西。一走近教室,隐约听见

了轻轻的歌声:"蝴蝶、蝴蝶,生得真美丽,头戴着金丝,身穿花花衣……"

是谁在唱歌?

天哪!竟然是小芝在唱歌!她一边画着图,一边很自在、很快乐地唱着……

我站在教室外愣了好久,静听小芝唱着刚教过的儿歌,眼眶忍不住地红了;小芝的歌声虽然不好听,这却是我第一次听见她开口啊!

当我一走进教室,只见小芝惊吓得立刻把嘴巴捂住;她不知所措,两只小小的手很用力地把小小的脸蛋遮住。

我看了好心疼,赶紧说:"小芝,你唱歌好好听啊!继续唱给老师听好不好?老师从来不知道你唱歌这么好听,可不可以把这首歌再唱一次给老师听?"

我轻轻地把小芝捂着脸的小手移开,只见她的眼眶泛着泪水;或许,从小到大,从来没有听人家赞美她"唱歌很好听"吧!

这时,我看到小芝一脸紧张及疑惑;我拉起她的小手,告诉她:"我们一起来把这首歌再唱一遍好不好?"小芝终于破涕为笑,含着泪水点点头。于是,我们俩在教室里一起轻唱着:"蝴蝶、蝴蝶,生得真美丽,头戴着金丝,身穿花花衣……"

唱着、唱着,下课钟声响了,小朋友们从操场回到了教室;当他们看到"未开口说话"的小芝和我一起唱歌,都惊讶不已;在我们唱完歌时,同学们都报以最热烈的掌声!

从那天开始，小芝敢开口说话了。原来，她不是不会说话，也不是智障，而是因为罹患"黏多醣症"导致个子矮小，所以心理自卑而不敢开口说话。

后来，她原本个位数的成绩，也在同学的鼓励和自己的努力下，有了令人难以置信的进步。

温暖贴心的女孩

九二一大地震后，班上的小朋友幸好都平安无恙。不过，校方希望老师们多用心辅导孩子，进行心灵疗愈；例如，通过彩色笔或用大刷子来绘画，让孩子尽情地随意挥洒、涂抹，把心中的悲痛释放出来。

某一天的美劳课，学校送来一罐罐彩色油漆要让孩子们作画。当我打开罐装的油漆铝盖，一时之间找不到可以挖油漆的工具，只好以我便当盒里的汤匙挖那些"又稠又浓"的油漆，分送给各组同学作画。

小芝个子小，手也小小的，但是她很用心地和同组小朋友一起拿起刷子，彩绘出美丽的图画来。

中午吃饭时间到了。当小朋友打完菜、正要一起吃饭时，我才想起我的汤匙用来挖油漆，已经弄得脏兮兮了，上面黏了一层浓稠的、很难洗掉的油漆，干脆丢掉好了；于是，我请班长帮我到办公室借一双筷子。此时，同学们说："老师，不用去拿筷子了，您的汤匙小芝正在帮您洗。"

可是，那么脏的汤匙很难洗呀！我便叫小朋友告诉小芝不

成为孩子的伯乐

用洗了,我去借一双筷子就好了。小朋友去了之后回来说:"老师,小芝不肯回来,她一直摇着头,说她要洗。"

后来,我只好自己到教室外的洗手台叫她;只见个子矮小的小芝,正踮着脚尖,很用力、很认真地刷洗着汤匙。看着小芝小小的背影,我心中充满感动,走近她说:"小芝,不用再洗了。"

此时,她转过身来,一脸俏皮地把一支亮晶晶的汤匙放在鼻尖前,笑嘻嘻地交给我说:"老师,汤匙——洗好了!"

当我一拿到汤匙,眼眶都红了!要把一支沾满浓稠油漆的汤匙洗干净,是多么不容易的事啊!

那一餐饭,我用这只盛满小芝关爱的汤匙,饱足了我的心灵,班上的孩子也嗅到了爱的味道……

心灵画圈圈

当我们面对人与事,是不是都惯性地急于下判断或处理完毕?如此一来,我们可能会错失观看不同面貌的机会;错失的,或许正是我们乐于促成的。万物静观皆自得,多一点时间的等待与观看,会看见初始印象之外的样貌……

心灵打勾勾

一、收藏天空:向天空说早安、午安、晚安,并记录下天空的样貌。

二、向左看、向右看:看看身边的人,再走到他的另一边,有没有发现不一样的地方?

送孩子一盏心灯

我有一个学生小任，他很乖，对我很好，每天陪着我锁门，替我牵脚踏车，我们一起回家。他的毛笔字写得非常好，常写些小诗、春联，偷偷地放在桌子上送给我。我很喜欢他，常常用"笑眯眯的脸、柔柔的眼光"对待他。

有一天早晨，小任的母亲气急败坏地跑到学校来告诉我："小任又偷钱了！这次偷的是两千元！"

我说："不会吧？他在学校的表现是很乖、很好的。"

妈妈说："您不要被他骗了！他是出了名的双面人！他就是喜欢您，才会在您面前表现得很好，可是您不知道他在家有多坏！他爸爸天天打他、骂他，他偷窃的习惯就是一直没改！"

"他从什么时候开始会偷东西呢？"

"从幼儿园起！"

"可是，我教他一年了，班上从来没有人掉钱或是掉东西呀！"

妈妈又说了："他就是喜欢您，才不敢在您面前做坏事啊！"

我说："这么好的孩子，为什么非偷不可呢？是不是他心中存着什么阴影，有着什么悲伤？"

妈妈一听，眼眶马上红了，她说："爸爸对他好凶，一直觉得'棒下出孝子'，所以打得很厉害，管教的方式很严格！"

我说:"妈妈呢?妈妈是不是应该做孩子的避风港?今天这件事请您先不要声张,学着相信他,帮助他跳出痛苦的深渊!"

回到教室,我想起"一轮明月"的故事,就说给孩子们听——

有一位老禅师,一个人在山上修行。有一天晚上,他出来散步;走到茅屋时,看到一个小偷正潜进屋内偷东西。禅师知道屋里根本没东西可偷,便脱下外袍,等着这名小偷出来。

小偷看到门外的禅师时吓了一跳,手足无措。只见禅师把手上的外袍披在小偷身上,拍拍他的肩膀说:"你走了这么远的路,没有什么东西送你,这件袍子你就披着吧!山上天气很凉,你自己一路上要小心啊!"

小偷不知所措地走了。

禅师望着天上的明月,感慨地说:"真可惜,不能送给这个孩子一轮明月。"

第二天早晨,禅师打开门,看见披在小偷身上的外袍折叠整齐地放在门口。禅师很高兴地说:"终于把一轮明月送给他了!"

说完故事,班上一片宁静。我问孩子:"禅师为什么会说'终于把一轮明月送给他了'呢?"

全班你看我、我看你,没人回答。我等了一会儿,小任举

手了,他说:"小偷很惭愧,不再偷东西了,所以把东西还给师父;这就表示他的心像一轮明月,很干净。所以师父才说,已经把一轮明月送给小偷了。"

多好的回答呀!这时,我和小任相视一望,眼里漾着感动的泪水。

接着,我说了"一串葡萄"的故事——

有一位日本小朋友三吉,偷了同学的"金黄色水彩",被老师发现。老师让他将东西归回原处,什么话也没说,只是带着三吉到办公室,在窗外摘下一串葡萄送给三吉吃,并且告诉他:"你明天一定要来上学,老师想看到你!"

第二天,三吉犹豫、惭愧地在校门口徘徊,遇到了拥有"金黄色水彩"的同学;同学很自然地牵起三吉的手,一起去玩。老师用温柔处理了这件偶发事件,使得三吉体会了"爱"。三吉长大后,成为驻美大使,一生中念念不忘那位启蒙的老师。

说完故事,班上仍旧一片宁静。我看着学生,觉得他们每一个都是好孩子。孩子犯错,就如同他们爱玩泥巴;沾满泥巴的双脚,并不是他们真实的脚。你觉得脏,只是泥巴脏;把泥巴洗掉,就还他本来清洁的脚。

脚一直是干净的,这双干净的脚就是孩子的本性。

心灵画圈圈

每位孩子都是好孩子！要消除孩子心中黑暗的一面，只要为他点起一盏心灯，带进光线就好；光进来了，黑暗就消失了。光线就是光明的心，就是信任，或是温柔的眼光、轻声细语、笑眯眯的脸……这些都是光源；只要有一点光亮，孩子就能感受到温暖，逐渐靠向你。

心灵打勾勾

请为"黑暗中的一闪一闪亮晶晶"说个动人的温暖小故事：

一、小船黑夜航行的光明：灯塔；

二、旅人荒野夜行的光明：星光；

三、心灵幽暗独行的光明：笑容。

成为孩子的伯乐

当孩子爱唱反调

有一次到全台最"高"学府——两千两百米高山上的小学演讲;进行到一半,山上突然下起大雨来,让我想起一段和雨有关的学生往事。

那天,也是上课上到一半时突然下起大雨来;我如同往常般一再地叮咛班上的小朋友,下课时不要出去淋雨,免得感冒了。

没多久,就有"报马仔"进来告诉我:"老师,小孟又不听话了!他故意站在屋檐下淋雨!"

说真的,身为老师,最生气的就是才刚叮咛完,就有人马上故意去犯!我往窗外一看,看到小孟一个人站在走廊的屋檐下,身子一半在外面、一半在走廊里,像英雄似的故意淋给其他小朋友看。

上课铃声响了,小孟最后一个冲进教室,全身淋得湿答答;他一边甩头,一边拍打身子,眼睛瞄着我。

我问来听演讲的老师们:"当你看到一个孩子故意在你面前犯错,故意淋雨,你会怎么做?"

"我会拿吹风机给他,叫他自己赶快吹干。"

"应该借他一条毛巾让他擦干。"

我再问一位较资深的爸爸老师:"如果小孟是你的孩子,你

会怎么做?"

他说:"我应该会拿一条大毛巾帮他把水擦干。"

这个孩子我教了两年;他自尊心很强,一直跟我唱反调。很感谢上苍给了我这样一个机会,让我想起了证严法师曾说过的一句话:"要用父母的爱心来对待学生。"

是的,小朋友来到学校,老师不就是他在学校的妈妈吗?一个当妈妈的人如果看到孩子淋湿了,会做什么?是不是应该用干毛巾赶紧为他擦干?

于是,我打开抽屉拿出干毛巾,把小孟的身体从头到脚都擦一擦,拿出一件旧制服给他穿(各届小朋友遗失、没人认领的旧制服,我都会洗好放在教室里),再从抽屉里拿出吹风机帮他把头发吹干。

在做这些动作时,小孟一直背对着我。

小孟一定觉得,老师做这些事,让他很丢脸、很没有面子。刚开始时我还有点生气,就很用力地帮他吹头发;但是,想到他是失去亲情宠爱的孩子,心中很不舍。

于是,我的动作慢了下来,轻轻地为他吹头发;一边吹,一边轻柔地唱着我们的班歌给他听:"我有一个好爸爸,也有一个好妈妈……"

这时,小孟慢慢地转过头来,眼睛充满了泪水,突然抱住了我,对我说:"老师对不起!我以后都要听您的话了!"

我的眼泪也忍不住地掉了下来!

小孟,你知道吗?老师等你这句话,等了两年了呀!

小孟这孩子还真是有义气,他说到做到。从那一天开始,他变成一个很乖的好学生,不再顽皮捣蛋,下课时还自动拿一条抹布来帮我擦桌子、擦椅子,甚至帮我擦鞋子。

我常想叫他不用擦鞋子,因为我的鞋子还很干净啊!但是,小孟总是笑眯眯的,他的好意让我不忍心拒绝。

我那双漂亮的粉红色绒布鞋,被小孟一直擦,不到一个月,鞋面就被他擦破了!不过,我一直把这双旧的绒布鞋放在鞋柜上,每次出门时都会深深地看这双绒布鞋一眼,因为这是小孟送给我的美好回忆啊!

心灵画圈圈

　　人与人之间的相处态度是相应的。你决定如何与人为善，就如自己所想的去做；他人可能不会立即回应，但你已张开发现美好的眼睛，于是世界也变美好了。孩子的纯真不假包装，他们直心相对；对于接收到的温暖，他们会回以热情的拥抱；即使是顽皮的孩子，也有洞悉爱的能力。懂事的大人们，一定愿意以美好的眼睛看见孩子的纯真！

心灵打勾勾

　　一、心灵点灯时间："用菩萨的爱心来对待家人，用父母的爱心来对待学生"，用柔柔的眼光及笑眯眯的脸来看孩子，有没有什么不同？

　　二、了解天生气质及行为改变技术：请参阅《因材施教》（台湾健康世界出版）及《管教孩子的十六高招》（台湾心理出版社）。了解小孩的气质特征，可以帮助父母、老师避免不必要的指责与自责；运用行为改变技术，有效地与孩子互动，修正及引导孩子顺利地社会化。

成为孩子的伯乐

从午餐里学会感谢

多纳,高雄市茂林区最深处的村子,全村几乎都是鲁凯族。他们的住家是用一片片黑色石板盖成,家家户户门前种满了小红花;在干干净净的街道旁,有一所小巧精致的"多纳小学"。在他们简单、整洁的小餐厅里,有一副对联写着:

一粒米是历经辛苦和血汗,一滴水也有天地的恩惠。

这句"天地的恩惠"多么令人动容!缺水时,大家才会想到"水资源"的重要。

我常想,现今社会种种的家庭问题及教育问题,是不是"不患寡"而是"患无心"?因为我们少了一颗感恩的心。当老师的我们,是不是应该教孩子感恩、知足的生活态度?

于是,在吃午餐前,我请全班同学一起数数:一、二、三!大家一起掀开饭桶,一起闻着吸引人的米饭香、青菜香!用心闻后,大家心中充满了对食物的感谢!

接着,我请孩子们每天轮流做"小主人",带领大家说感谢的祷词:"感谢上苍,感谢父母,感谢参与工作的师长和同学,大家请用。"全班齐声说"谢谢"后,才开始用餐。

小主人有的会解释菜名的由来,讲讲小典故,有时也会

问问大家:"今天的午餐里属于海的东西有哪些?山的东西有哪些?"这是参考日本《窗边的小豆豆》一书里小林校长的好方法。

大家思考了几分钟,就会七嘴八舌地发表高论。在快乐的午餐时光里,我们也学会了自然课里的分类与归纳。

有一天,小主人提议做短诗练习,每人说一句赞美的话。

开骏说:"爱,就是把菜吃光光!"

筱岚说:"山的、海的,我都爱!"

士峰马上接着说:"学校午餐呱呱叫,只要吃一口,马上变神仙。"

吃完饭后,大家哼着歌,快乐地做午餐的善后工作。记得看过一部日本电影《四年三班》,全班的同学和老师餐后一起跪在地板上擦地板,抹前抹后的欢喜情景,至今仍常在脑海浮现,难以忘怀。

有了这些活动后,孩子们变得不偏食、懂得感谢。听孩子们的妈妈说,他们连在吃早餐和晚餐时也会要求全家一起感谢上苍,感谢……

孩子也知道:"爱,就是把妈妈煮的菜吃光光!"

心灵画圈圈

真正的生活教育就在当下，让每个孩子在生活中真正地学习；每个孩子的心都是一块璞玉，这也是"天地的恩惠"，我们要好好珍惜。

心灵打勾勾

一、生产履历表：请记录食物到达餐桌前的历程。

二、每一份餐点都是一种恩赐，最好的回报就是一点都不浪费地吃完，转化成身体的能量。今天，你的饭菜都吃光光了吗？

我们班在养鸡

下午,我在教室里批改小朋友的国语习作;里面有一段画画写写,是请小朋友们画一位帮助学校做事的人,并且写一段感谢的话。结果,全班一半的同学画的都是匡睿的爸爸。

他们不约而同地这样写着:"亲爱的匡爸爸:您好!谢谢您为我们准备自然课的鸡,使我们能仔仔细细地观察鸡的生长情形!"

育丞写的是:"亲爱的匡爸爸:谢谢您送小鸡和饲料给我们,我们都有好好地养小鸡。有一次轮到我养鸡,我把鸡笼一打开,小鸡就飞出来了!我们养小鸡好快乐啊!匡爸爸,谢谢您!"

看着这些童言稚语,我好像重新回到那段养鸡的岁月。

开学时,我翻阅了自然科教学指引,发现第二单元是"饲养小鸡";我一想到要教七岁的孩子们养鸡,就头皮发麻。但是,爱心爸爸匡先生却兴趣盎然。首先,他在联络簿上告诉我小时候养鸡的趣事,还有麦当劳使用的白鸡的生长状况;隔了两天,又送来一本一九九七年美国爱拔益加育种公司的肉鸡饲料管理手册给我参考,并告诉我他会送鸡笼以及四只土鸡与四只白鸡给我们。

当孩子们看到小鸡来了,兴奋得不得了,异口同声地说:

成为孩子的伯乐

"会好好照顾它们!"

首先,让孩子们先帮小鸡做脚环,在嘴上做上记号,然后替小鸡取名字——有的叫小毛、小豆豆,有的叫小可爱、小乖乖、冬冬;接着,大家七嘴八舌地讨论养小鸡要注意什么,怎么抱小鸡?整节课下来,他们的神情是快乐、满足和喜悦的!

小鸡在孩子们的细心照顾下,一天天地长大了!每天早晨,轮到照顾的小组都会很早到学校——其实是全班都提早来了!先替小鸡换粪便纸,将粪便拿到种豆的菜圃做堆肥。

接着,他们会小心翼翼地抱起他们的小乖乖,说说好话,喂他们吃饲料、喝水;小鸡们似乎也知道孩子们的心意,温驯地接受小哥哥、小姊姊们甜蜜的贴脸动作。

记得有一回,有一组孩子贪玩,忘了抱,结果小鸡在笼子里高声尖叫,直到那组孩子回来抱它为止,真是有趣极了!

十月有许多连续假日,我很担心八只养在教室里的鸡。当我把问题交给孩子们时,他们热烈地讨论了一节课,提出了解决问题的方法——各组会轮流到教室来喂鸡。我半信半疑地将钥匙交给他们。第一个放假日,我到学校察看,发现他们真能信守诺言。从此,我相信了七岁的孩子是有能力把交代的事情做好的。

这样经历了一个月,某天早上,我刚踏进教室,就听到士勋大声宣布:"我们这一组的小可爱长出利锯来了!原来,它是一只公鸡!"

养小鸡给了孩子们一个反复接触同一个生命的机会;通过

~170~

这个体验，他们不但能了解鸡的饲养方法和生活状况，甚至能因此产生对其他生命的爱。

有一天早上，一只蝴蝶和一只蛾不约而同地飞进了教室，孩子们体贴地关上了电灯，把窗户轻轻地全打开，静静地观察着它们；它们俩自由自在地在教室里飞行数圈才离开。

看着孩子们贴心的表现，我的心中充满了感动与感恩。真感谢匡爸爸呀！

心灵画圈圈

若要孩子学习无差别的生命关怀，就将他们置入那样的环境里；在生命教育的环境氛围中，必然经历许多情感历程，包括喜怒哀乐、生离死别；当孩子经历种种过程，我们的陪伴将是他们的后盾。

心灵打勾勾

一、我可以吃掉它吗：欣赏日本电影《和猪猪一起上课的日子》——你会如何决定陪伴大家多年的猪猪的命运？

二、我家有一头牛：阅读甘耀明小说《微笑老妞》（收入《丧礼上的故事》，台湾宝瓶文化出版）——一头老母牛如何打动一家子的心，成为故事主人翁最亲密的"家人"。

校园里的小豆豆

春天来了,校工在校园里整理了三块地,让低年级的孩子学种豆。

种豆前,我和小朋友先静默观想小豆子长大后的可爱模样;然后,全班随着播放的大自然音乐翩翩起舞,体会小豆子努力长大的心情。接着,我们写一封图文并茂的祝福信送给小豆豆。

由于孩子们有了在教室里养鸡的经验,因此这回他们有了许多温馨的创意,把对小鸡的爱与关怀延伸到豆豆们身上。

第一组的豆豆名字是"小宝贝"。他们写着:"小宝贝,我轻轻地把你种在土里,我会每天帮你浇水。希望你健康地长大,还希望你生很多可爱的孩子。"

第三组的豆豆是"小可爱"。"小可爱,祝福你!你要快点长大!我爱你,小可爱。希望你快点生孩子,快点做爸爸、妈妈。"

孩子们仔细观察豆豆的生长,都会记得每天提水喂豆豆喝,也记得天天对豆豆们说好话;并拿着卷尺轻轻地为豆豆量茎围,用心记录着豆豆的生长过程。小豆豆们在爱的期待下,一天天地长大。

即使是月考,大家仍然记得要去浇水。我们排好队,静静地走过榕树下、黑板树、木棉花道,一路上鸟声啾啾不断。

突然，一只学飞的小麻雀从树上跌了下来；晓蔓体贴地抱起它，轻轻放在树枝上；咻一下，麻雀妈妈就冲过来领回它的小宝宝了。

看着麻雀母子团聚的动人画面，每个人脸上都散发出美丽的光彩。

孩子们如此贴心、温柔的表现，让我的心中充满了赞叹与感动……

心灵画圈圈

孩子是自然的;在大自然里,他们自在地展现了无差别的生命之爱。要让他们如彩虹般美丽的光彩在长大之后依然美丽,请和大自然多接触,让孩子的自然天性不被成长过程中的烦扰遮蔽了!

心灵打勾勾

一、秘密基地:介绍你的大自然朋友,以及你们之间的故事。

二、秘密花园:延伸阅读法国法兰西丝·霍森·伯内特的小说《秘密花园》,以及改编自同一本小说的电影《秘密花园》(安格尼兹卡·贺兰导演)

成为孩子的伯乐

孩子忙着爬玉山

每天在放学后,我就留在教室里写明天的早修,我在黑板上写着:

亲爱的好孩子,大家早安!今天我们要一起过五关:
一、作一字师　　　二、读一首好诗
三、爬玉山　　　　四、数学五题
五、读一本好书
好话:心不难,事就不难

这五项早修中,小朋友最快乐的事就是在学校"爬玉山"。大家都很好奇在学校怎么爬玉山?

我对孩子说:"玉山高三千九百五十二米;在学校跑一圈操场是两百米,跑二十圈就等于爬了一次玉山。这学期爬最多次玉山的人,老师就送给他一个特别的礼物——从世界各国旅行带回来的脚印,也就是各国的鞋子小工艺品。这学期爬玉山最多次的人,老师就把意大利送给他。"

到了下学期,孩子们就很期待:老师这一学期会送哪个国家呢?

有了趣味性的活动,小朋友很高兴也满心期待,每节下课

都去跑操场。

之后，我又在教室里画了一座玉山，让每个小朋友们制作属于自己的纸脚印，脚印写上每个人的名字，跑完操场二十圈的人就可以把脚印放到玉山山顶上。

从此之后，下课时间没有人来告状，也没有人吵架，因为都忙着去"爬玉山"了。

运动会那天，学校举办了八项比赛，我们班就得了八个冠军。

心灵画圈圈

要聪明,要灵活,记得多活动。John Medina 教授说:"灵活用脑的十二原则中,第一原则就是——运动会增强脑力。"(《大脑当家》,洪兰教授译)

运动如何增强脑力?

在运动时,可使血液循环加速,让更多氧气进入供给大脑使用。所以,要增强你的思考技术就要"动"——要运动!

因此,运动是件好事,千万不要把运动当作惩罚;做错事的孩子如果罚他跑操场,他就会一辈子不喜欢运动了!

心灵打勾勾

一、你喜欢运动吗?你喜欢哪一种运动,原因是什么?

二、想想看,怎么让孩子也跟你一样爱上运动?

终章，未完成……

相知的感觉真好

记得我曾和小朋友讨论自然习作上的题目："教室里太热了，有什么方法可使教室凉下来？"

刚开始时，有的小朋友会直接说："开电扇。"

我说："除了这些答案外，我们还可以怎么做呢？"

雅涵说："我们可以把窗户都打开啊！然后静静地坐一会儿，心里安静了，就不会觉得热了！"

忠翰说的是："可以提一桶水，把地擦干净，水会蒸发掉，教室就会凉快多了！"

听到稚气的孩子如此回答，我的心中有许多的感动与欢喜。

想起当初第一次接小学一年级的班，第一个月是在手忙脚乱与挫折中度过的。随着相聚时光增加，我们师生间慢慢地了解与成长，彼此之间竟有了一分相知的感觉。

我常和他们相视微笑着；在我们学习朗读、一起做仰卧起坐时，我常笑着读他们的眼睛。

他们还小，有点儿羞怯，有点儿胆小；但是，经过轻声细语的解释与示范后，就会慢慢地鼓起勇气来学习新的课程。

经过了努力与练习，学会了，他们会欣喜地来牵我的手、抱抱我的胖腰；甚至快乐地拿起抹布，蹲在我的桌下替我把位

子擦得干干净净,然后邀我和他们一样赤足走在教室里。

看着孩子这样贴心的表现,真是天地的恩惠,我要好好珍惜……